その英語、
ネイティブには
こう聞こえます
SELECT

David A. Thayne、小池信孝 = 著

主婦の友社

はじめに

その英語、文法は正しくても
ネイティブには変に聞こえます

「私は明日あなたと旅行に向かうでしょう」。文法や構文的にはなんの問題もない日本語ですが、日本語ネイティブのあなたの耳には妙に聞こえませんか。

明日のことだから未来形で「〜しょう」と言うのは間違いではありませんが、日本語では推量ととられるケースが多いので「旅行するのかしないのかハッキリして」と尋ねられるでしょう。「旅行に向かう」という表現も奇異。「旅行する」「旅に出る」がオーソドックスな言い方です。

実はこれと同じことを、私たちが英語をしゃべるときやっているのです。カバーの絵に描かれたシーンはその典型例にすぎません。

そうした"英語でない"英語を集めたのが、この本です。

しかも、ここに紹介された英語の多くは日本の英語教科書や英会話本からピックアップしたものばかり(そもそも「私は明日あなたと旅行に向かうでしょう」という日本語は、ある国の日本語教科書にのっていた例文の一つ)。驚かれましたか。

でも、ご安心を。この本で、ネイティブ感覚の英語(アメリカ英語)を身につければ、native speaker of Englishの仲間入りができます。

If you think you can, or you think you can't, you're right!
「できると思えば可能だ、できないと思えば不可能」
Henry Ford

はじめに ……………………………………………3

Chapter 1　日常会話、海外旅行編

基本会話 ……………………………………………8
空港にて ……………………………………………17
乗り物で ……………………………………………33
ホテルに泊まる ……………………………………50
食事を楽しむ ………………………………………63
観光する ……………………………………………79
ショッピング ………………………………………100
電話をかける ………………………………………115
コミュニケーション ………………………………119

Chapter 2　ビジネス英会話、成功編

よく使うひと言（社外）	132
よく使うひと言（社内）	144
初対面のあいさつ	151
電話（かけるとき）	162
電話（かかってきたとき）	166
アポイント	172
相手先を訪問	177
訪問してきた客へ対応	183
会議（社外）	190
会議（社内）	200
注文	212
クレーム	219

あとがき ……………………………………………………223

装　　　　丁	犬塚勝一
カバーイラスト	深川直美
本文イラスト	バーヴ岩下、深川直美
企画・編集・制作	主婦の友インフォス情報社

Chapter 1

日常会話、海外旅行編

- ●基本会話
- ●空港にて
- ●乗り物で
- ●ホテルに泊まる
- ●食事を楽しむ
- ●観光する
- ●ショッピング
- ●電話をかける
- ●コミュニケーション

こんにちは、調子はどうですか。
（目が合ったときのあいさつ）

✗ Hello. How are you?

こう聞こえる こんにちは。ごきげんいかがでござる。

目が合ったら、気軽にあいさつをするようにしたい。しかし、学校で習うこの定番表現は、実際、ネイティブの間ではあまり使われない。

こう言う! Hi! How are you doing?

先に声をかけられたときは、別の言い方で返すのがネイティブ流。Helloと言われたら、Hi。Hiと言われたらHelloといった具合。相手の言葉をそのまま返すのでは能がない。

ひさしぶり！

✗ I haven't seen you for many years.

こう聞こえる あなたにはもう何年もお会いしていません。

単に事実だけを述べていて、感情がこもっていないように聞こえる。

こう言う! How have you been?

「ひさしぶり」「元気だった？」のニュアンス。感情が伝わる表現だ。

Long time no see.

「本当にひさしぶり」。こんな表現も覚えておきたい。

それじゃあ、またね。
(別れ際のあいさつ)

 Good bye.

 あばよ！

イントネーション（「グッバイ!!」と強く言う）によっては、捨てぜりふのように聞こえる。あまりフレンドリーなあいさつではないので、ほかの表現を使った方が無難。

 See you!

See you around.

親しい者同士でよく使われるフレンドリーなあいさつ。

私は田中明子と申します。

 My name is Akiko Tanaka.

 余の名前はア・キ・コ・タ・ナ・カなり。

ネイティブにとって日本名の苗字と名前を区別するのはむずかしい。また、My name is ～で始める言い方はスピーチ向きで、普通の自己紹介としてはやや不自然である。

 I'm Akiko, Akiko Tanaka.

I'mと短縮形で始める。最初にファーストネームを言い、ひと呼吸おいてから、改めてファーストネームとファミリーネームを告げる。

ありがとうございます。

✗ Thank you very much.

 どうも、どうもありがとうございましたね！

言い方によっては皮肉っぽくなる。フレンドリーな間柄ではあまり使われない。

 I really appreciate all your help.

感謝の言葉を述べるとき、ネイティブはappreciate（感謝する）という語を頻繁に使う。より心がこもった感じになる。

Thanks.

日本語では逆のような気がするが、実はThank you.よりもフレンドリーで心がこもっている。

Thanks a lot.

ネイティブの間でとてもよく使われるフレーズ。軽く「ありがと」といったニュアンス。

けっこうです。
(相手の好意を断るとき)

 No, thank you.

もうけっこうですから！

言い方にもよるが、相手をつっぱねているような冷たい感じに聞こえてしまう。

Thanks, but no thanks.

フレンドリーな言い方ならこれ。感謝の気持ちもきちんと伝わる。

No bother.

「気にしないでいいよ」「かまわないでいいよ」といったニュアンスで、助力などの申し出をさりげなく断るときに適した言い方。

どういたしまして

 You're welcome.

あたりまえですよ。

やや冷たい言い方。できれば別の答え方をしたい。

Sure, no problem.

「どういたしまして」「いえいえ、いつでも言ってください」といったニュアンス。

遅れてごめんなさい。

✗ Sorry.

こう聞こえる わりー、わりー。

軽薄な感じで、きちんと謝っているようには聞こえない。これではただの開き直りだ。

こう言う! I'm sorry to be late.

I'm sorryときちんと謝罪したあと、「遅れて」という言葉も添えるのがベスト。

Sorry I'm late.

一般にもっともよく使われるのがこれ。

My apologies.

apologyは「陳謝」を意味する。「申し訳ないです」のニュアンス。

失礼。
(相手の肩に触れたとき)

✗ I'm sorry.

こう聞こえる 私が悪うございました。

I'm sorry.はこちらの非を認めたときに使う。たとえば、足を踏んでしまった、時間に遅れてしまったときなど。

 **Excuse me.**

相手の肩に触れた、くしゃみをしたときなどは、I'm sorry.より Excuse me.が適している。さっと言えるようにしたい。

ちょっといいですか。

 I would like to talk to you.

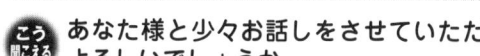 あなた様と少々お話しをさせていただいても よろしいでしょうか。

深刻なニュアンスを含む。ちょっとしたことを尋ねるときにこのように話しかけると、街角勧誘のように思われて敬遠されるかも。

 Got a minute?

「ちょっといいですか」のニュアンス。よりカジュアルな感じ。You got a minute? の短縮形。

Can I have a minute?

「ちょっと話してもいいですか」が直訳。

Can I talk to you a sec?

Do you have a sec?

「ちょっと話してもいいですか」「ちょっと時間ありますか」が直訳。a secはa secondの短縮形。よりカジュアルなひとことになる。

だいじょうぶです。

✗ It's OK.

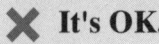 もういいから！　放っておいて。

なげやりな感じで使われることが多い。

Don't worry about it.

「だいじょうぶだから心配しないで」のニュアンス。相手の好意に対して感謝の気持ちがあることが伝わる。

It's nothing to worry about.

「心配ないですから」。こちらも同様に使える。

今、何時ですか。

✗ What time is it now?

ところで、今は何時なんだ？

これは何度か時刻を聞いた後で、ふたたび尋ねるときの聞き方。初めて聞くにはふさわしくない。

Do you have the time?

冠詞のtheをつけるのが重要。Do you have time?とtheを抜かすと「ねえ、ちょっと遊ばない？」の意になってしまうので要注意。

えっ、何ですか。

✕ What?

 はっ？

聞き取れなかったというより、相手を馬鹿にして「えっ?!」と言っているように聞こえる。

 Pardon?

聞き返すならこれ。ただし、イントネーションを間違えると「なんですって?!」となるので、ソフトに言うことが大切。Excuse me?やCome again?も同意表現としてよく使われる。

お名前を教えてください。

✕ What's your name?

 あんたの名前は？

いかにも学校英語。自分の名前も名乗らずに、いきなり相手の名前を聞くのは失礼というもの。

 I'm Makiko. And you are . . . ?

最初に自分の名を告げてから、さりげなく相手の名前を聞くのがベスト。

それはいい！

❌ That's good.

いいんじゃないですか、それでも。

goodはかならずしも、日本語の「よい」を意味しない。言い方を間違えると、皮肉に聞こえることもある。

Sounds good.

It sounds good.の省略した言い方。「それでいいですよ」「それでかまいません」といったニュアンスが伝わる。

日本語を話せる人はいますか。

❌ Is there anyone who can speak Japanese?

この世に日本語を話すことができる人はいるのでしょうか。

こちらの意図を理解してくれる人もいるが、相手によってはMaybe.（おそらくね）などと、冷ややかに言われてしまうかも。

Is there anyone here who can speak Japanese?

場所（here）をつけるのが重要。この一語が大切なので落とさないようにしたい。

これは機内に持ち込めますか。

 Can I bring this baggage on the plane?

 この手荷物類一般を機内に持ってきてもよろしいですか。

baggageは「手荷物類」を指す集合的な語なので、個々の手荷物について話すときには使わない。この場合suitcaseやbagなどと具体的に伝えるとよい。

 Can I take this suitcase on the plane?

「機内に持ち込む」と言いたいなら、bringではなくtakeを使う。takeとbringの使い分けは日本人にはむずかしい。

私の席はどこですか。

 Where is my seat?

 俺様の席はどこだ！

尊大な代議士が偉そうにモノを言っている感じ。Whereを文頭に持ってくると、高飛車に聞こえる場合がある。

 Could you tell me where 15-C is?

Could you〜? は人になにかを尋ねるときの定番の言い回し。「15-C」と、席番号を伝えるのもネイティブ流。

バッグが棚に入りません。

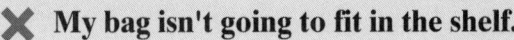

こう聞こえる バッグはきっと棚に入らないでしょうね。

isn't going to fit inは、「きっと入らないだろう」のニュアンスで、試す前から言っているように聞こえる。

こう言う! My bag won't fit in the shelf.

won't fit in〜とすると「〜に入ってくれない」というニュアンスが出せる。実際に試した後に言うならこの言い方。

すみません、通してください。

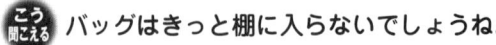

こう聞こえる お二人の間を通してもらってよろしいですか。

May I〜？は許可を求めるときの言い回し。相手に判断を任せる場合に使われることが多いので、このような状況にはふさわしくない。go throughは二人の人の間を通ること。

こう言う! Excuse me, I need to get by.

need to〜は直訳すると「〜する必要がある」。相手がどう言おうと、通らなければならない状況ではこの言い回しがベスト。get byは、「(一人の) 人の横を通る」こと。よって、直訳すると「私は人の横を通る必要があります」。つまり、通して欲しいことになる。

席を移ってもいいですか。

 Can I move?

 引っ越していい？

どこへ移りたいのか伝えないと「引っ越し」の意味に。

 Can I move to that seat over there?

to that seat over there（あっちのあの席に）と具体的に言う。移りたい席を指差して言うとよい。

この便は定刻に出発しますか。

 Will the flight leave on schedule?

 定刻に出発すると約束できますか。

なにかの約束をとりつけようとしているように聞こえる。こう言われた係員は答えにつまって、I think so, but I can't promise.（そう思いますが、約束はできません）なんて言ってくるかも……。

 Is the flight expected to leave on schedule?

「その便は定刻に出発する予定ですか」「定刻に出発できそうですか」といったニュアンス。

飲み物はなにがありますか。

✗ What drink can I have?

こう聞こえる 私が飲むことができる飲み物はどれですか。

このようにcan Iを使って尋ねると、もらえる飲み物に制限があるように聞こえる。食事制限を余儀なくされている入院患者が、看護師に向かって使いそうな言い方。

こう言う！ What kind of drinks do you have?

What kind of drinks〜？とすれば、飲み物の種類を尋ねる言い方になる。相手が持っているかどうかを聞く場合can I haveでなく、do you have。機内で使うのに適した言い方だ。

What do you have?

「なにがありますか」のニュアンス。乗務員のWhat kind of drinks would you have？（飲み物をなににいたしますか）という問いには、このように返せばよい。

私が飲むことができる飲み物はどれですか。

コーヒーをください。

 May I have a cup of coffee?

 コーヒーをマグカップで一杯いただけますか。

飛行機、特にエコノミークラスではあまり使われない言い方。a cup of coffeeと言うと、きちんとしたマグカップに入って出てくるコーヒーを思い浮かべる。May I～？も必要以上にへりくだった言い方なので避けたい。

 I'll take coffee.

I'll take～は「～をください」「～をいただきます」の定番表現。決まり文句なので、このまま覚えておきたい。

映画はやりますか。

 Can we see a movie today?

 映画観たいよー！

「映画が観たい、観たい！」。これでは子どものおねだり。

 Will there be a movie on this flight?

この場合、Will there be～？（～はやりますか）という言い回しがごく自然。

毛布をください。

✖ May I have a blanket, please?

 ねぇ、毛布をもらってもいいでしょう？

May I〜, please？は「〜してもいいでしょう？」という子ども言葉。母親に許可を求めるときによく使われる。

 Could I get a blanket?

人からなにかをもらうときにgetで伝えることができれば、英語の上級者。Could I get〜？はぜひ覚えておきたい表現。

機内が寒いのですが。

✖ I feel cold.

 寒気がします。

この言い回しは、空調でなく、自分の体調が原因で寒さを感じたときに使われることが多い。病気だと思われる可能性がある。

 It's a little cold here.

It seems a little cold here.

主語をitにすれば、機内の気温が低いことがわかる。

この飛行機は定刻に到着しますか。

✘ Is this flight on time?

 このフライトの場合は時間どおりに到着していますか。

Is this flight～? というと、他の便と比較しているように聞こえる。また、on timeは到着後に使われる。

 Are we on schedule?

「この便は予定どおりに飛行していますか」のニュアンス。「予定どおりに」はon schedule。

乗り継ぎに間に合うか心配です。
(客室乗務員に言う)

✘ I'm worried about my connecting flight.

 私は乗り継ぎ便のことがなんだか心配です。

worry about～は「～について心配する」。「乗り継ぎ便のなにが心配なの？」と質問されるかも。

 I don't want to miss my connecting flight.

don't want to～は「～したくない」。直訳すると「乗り継ぎの飛行機に遅れたくありません」となる。なにをどのように心配しているのかを明確にすることが大切。

入国カードの書き方を教えてください。

✗ Could you tell me how to fill in this immigration card?

こう聞こえる 入国カードの書き方を手取り足取り教えてください。

Could you tell me〜？は「〜について教えてください」、how to〜は「〜の仕方」。直訳すると「入国カードの記入の仕方というものをどうぞ教えてください」。転じて「なにがなにやらさっぱりわからないので、記入の仕方を一から十まで教えてね」といったニュアンスになり、相手にすべてを依存しているように聞こえる。

こう言う! I have a question about this immigration card.

have a question about〜で「〜について質問がある」。なにか質問があったときには、このように聞くといい。

酔い止めの薬をいただけますか。

✗ Please give me airsickness medicine.

こう聞こえる ただで酔い止めの薬をちょうだい。

Please give me〜は「お金を払うつもりはないけど、〜をちょうだい」。これは無料にこだわった言い方。

こう言う! Could I get something for airsickness?

Could I get something for〜（〜=病名）？で、「〜に効く薬をもらえますか」の意に。

シートを倒してもいいですか。
（後ろの座席の人に聞く）

 Can I recline my seat?

 今はシートを倒してもいい時間ですか。

機内では、離着陸時や揺れの激しいときなど、背もたれを元の位置に戻すように指示される。この言い方は、そのようなときに客室乗務員に向かって尋ねるのに適している。

 Do you mind if I recline my seat?

Do you mind if～？は「～してもかまいませんか」の意。このとき気をつけたいのがイエス、ノーの返事。相手がNoと言ったら「いいですよ」を、Yesと言ったら「いやです」を意味する。

私の荷物が出てきません。

 My baggage doesn't come out.

 私の荷物は出てこないようになっています。

doesn't come outという現在形の言い方だと、習慣について述べていることになる。What kind of bag is that?（いったいどんなバッグなわけ?!）などと言われそう。

 My baggage hasn't come out yet.

現在完了形を使うと、「もうそろそろ出てきてもいいはずなのに、まだ出てこないんです」といったニュアンスになる。

これが手荷物引換証です。

✘ This is a claim tag.

これがまさに手荷物引換証というものです。ご存じないのですか。

冠詞のaをつけたThis is a〜という言い回しは、相手になにかを説明するときに使われるもので、「これが〜というものです」「これが〜と呼ばれるものです、知らないの？」といったニュアンスになる（156ページ参照）。空港で働く係員に向かってこう言ったら失礼だ。

This is my claim tag.

aではなく、myを用いるのがポイント。This isをHere'sに代えてもよい。

手荷物引換証をなくしてしまったようなんです。

✘ I lost a claim tag.

手荷物引換証の1枚だけをなくした！

冠詞のaをつけてa claim tagとすると、「何枚もある手荷物引換証のうちの1枚だけがなくなりました」といったニュアンスになる。はじめから1枚しかない場合には使わない。

I think I've lost my claim tag.

aではなく、myを使うのがポイント。こうすれば「私が持っていたはずの手荷物引換証」のニュアンスが出せる。

すぐに荷物を探して(調べて)ください。

 Please search my baggage right away.

 すぐにバッグの中身を調べてください。

search〜は「〜の中身を調べる」、search for〜は「〜を探す」。たった一語で意味が違ってくるので気をつけよう。

 Could you search for my baggage right away?

forを忘れずに。これで「すぐに探していただけますか」の意に。

スーツケースが壊れています。

 My suitcase was broken.

 私のスーツケースは以前壊れていました。

〜was brokenとすると、以前は壊れていたが今は壊れていないように聞こえる。

 My suitcase has been damaged.

荷物を預けてから受け取るまでの間に破損したのだということを伝えたいなら、完了形で伝えると誤解がなくてよい。また、このような状況での「壊れる」は、breakではなくdamage(破損する、傷つける)を使うのが適切。

観光が目的です。

✖ I come here for sightseeing.

こう聞こえる ここにはいつも観光で来ています。

現在形だとそこに行くことが習慣になっているように聞こえる。

こう言う! I came here for sightseeing.

「観光のためにここに来ました」が直訳。cameと過去形を用いる。

I'm here to do some sightseeing.

「観光目的で来ました」「観光を楽しもうと来ました」といったニュアンス。do some sightseeingは「観光をする」。大変ネイティブらしい言い回しなので、是非覚えておきたい。

ヒルトンホテルに滞在します。

✖ I will stay at Hilton Hotel.

こう聞こえる ヒルトンホテルに滞在する決心を固めました。

I will～は強い意志や決意を表すときに使われる表現。

こう言う! (I'm staying) At the Hilton.

入国審査でWhere will you be staying?（滞在先は？）と聞かれたら、シンプルにAt the Hilton.と言うのが自然。また、だれもが知っている有名ホテルの場合は、いちいち～Hotelと言わないのが、ネイティブ流。

1週間、滞在します。

 I will stay for one week.

 私は絶対に1週間滞在するつもりです。

I willは強い意志を表すときに使う。

 I'll stay for one week.

I'llと短縮形にするだけで単純な未来を表す意に。

I'm going to stay for one week.

I'llの代わりにI'm going toを用いてもよい。

日本円を300ドル分、両替してもらいたいのですが。

 I'd like to exchange 300 dollars with yen.

 円を利用して、300ドルと交換したい。

「円とドルを交換する」ことをそのまま訳したような言い方。

 I'd like to buy 300 dollars with yen.

両替とはある通貨で別の通貨を買うこと。よってbuyを使う。

Dollars for yen.

短く言うのならこの言い方。「円からドルに」。

基本会話
空港にて
乗り物で
ホテルに泊まる
食事を楽しむ
観光をする
ショッピング
電話をかける
コミュニケーション

1ドル札でください。

（細かいお札が欲しいとき）

✖ **One dollar bill, please.**

こう聞こえる **1ドル札を1枚よろしくお願いします。**

dollar billだけでも「1ドル札」を意味するため、one dollar billだと「1ドル札を1枚」の意にとられてしまう恐れあり。

こう言う! **Can I have it in one-dollar bills?**

inを用いること、最後のbillsを複数にすることがポイント。

この紙幣をコインに替えてください。

✖ **Please change this bill to change.**

こう聞こえる **この紙幣を小銭に変身させてください。**

このような状況でpleaseを使うのはとても不自然。また、動詞のchangeは「変化、変身させる」という意味合いが強いので、おかしな文になってしまう。相手はマジシャンなのだろうか……。

こう言う! **Could I get some change?**

紙幣を差し出しながら、Could I get～？（～をいただけますか）と言う。ここでのchangeは名詞で「小銭」を意味する。

為替レートはどのくらいですか。

✖ **How much is the exchange rate?**

こう聞こえる **為替レートの値段はいくらですか。**

為替レートを買うわけではないので、How much～？という表現はおかしい。

こう言う! **What's the exchange rate?**

what'sを使えば「為替レートはどうなっていますか」といったニュアンスになる。

How much is the yen?

how muchを用いるならこう言う。「円はいくらですか」。

私は確かにリコンファームしました。もう一度調べてください。（予約が取り消されていたとき）

✖ **I am sure I reconfirm my flight. Please check it again.**

こう聞こえる **私は確かにリコンファームするくせがあります。もう一度調べてください。**

この場合、reconfirmと現在形で言うと、習慣を述べているようなニュアンスになってしまう。こんなことを言ったら、余計に信じてもらえないかも。

こう言う! **I'm sure I reconfirmed my flight. Please check it again.**

reconfirmedと過去形にする。

乗り遅れてしまいました。ほかの便に変更することは可能ですか。

✗ I missed my connection. Can you make arrangements for another flight, please?

こう聞こえる 乗り遅れてしまいました。あなたにはほかの便を手配してもらってもいいですか。

自分がほかの便に変更して欲しいときに、Can you〜?と聞くと意味が違ってきてしまう。これは自分ではなく、相手が乗る便を変更できるか尋ねるときの言い方。発券カウンターの係員が客に対して使いそうな表現。

こう言う! I missed my connection. Can I make arrangements for another flight?

自分が変更できるかどうかを知りたいのであれば、Can I 〜? と尋ねるのが適切。

ヘッドホンの調子が悪いのですが。

✗ My headset is in bad condition.

こう聞こえる わたしのヘッドホンはオンボロです。

in bad conditionと言うと、見た目からしてなにか問題があるように聞こえる。なお、headsetはheadphoneとしてもOK。

こう言う! My headset doesn't work very well.

機械などの調子がおかしいとき、doesn't workをよく用いる。not〜very wellは「あまり〜でない」。これでヘッドホンがよく聞こえないことが伝わる。

タクシー乗り場はどこですか。

 Where is the taxi stand?

 さて、そのタクシー乗り場というのはどこにあるのでしょうか。

これは、近くにタクシー乗り場があることがわかっているときの聞き方。タクシー乗り場があるかどうかもわからない時には使わない。

 Is there a taxi stand nearby?

Is there〜nearby？（〜は近くにありますか）と聞くのが適切。

タクシーを呼んでください。

 Could you call me taxi?

 私のことをタクシーと呼んでね。

call me〜（〜＝名前）は、「私を〜と呼んで」の意。たとえば、自己紹介のとき、I'm Masako. Call me Mako.（マサコといいます。マコと呼んでください）などと言う。

 Could you call me a taxi?

冠詞のaが重要。これが運命の別れめ。

Could you call a taxi for me?

taxi（タクシー）とme（私）の順序を入れ替えるとこうなる。

タクシーはどこで拾えますか。

（街中で尋ねる）

✕ **Where can I stop a taxi?**

こう聞こえる 私はどこでタクシーを停止させることができますか。

stopを使うと意味がまったく違ってきてしまう。

こう言う！ **Where can I get a taxi?**

動詞にgetを使う。ネイティブ度満点の言い方なので、このまま覚えておきたい。

ヒルトンホテルまでお願いします。

✕ **To Hilton Hotel, please.**

こう聞こえる ヒルトンホテルにぶつぶつ……。

相手はCan you take me to Hilton Hotel, please.の文頭のCan you take meの部分を聞き落としたように思うだろう。英語が得意な日本人が使いがちな表現だが、ネイティブはこうは言わない。

こう言う！ **Hilton.**

タクシーに乗ると運転手はたいていWhere to?（どこまで？）と聞いてくる。有名なホテルなら「ヒルトン」だけでOK。小さなホテルならABC Hotelなどと言えばよい。いずれにしても、toはつけない。

ここへ行ってください。
（メモや地図などを見せながら）

✘ Take me this, please.

 これを私に持ってきてください。

ここでthisを使うのは考えもの。かなり意味不明なので、理解してもらえない可能性あり。

 I need to go here.

地図などを指差しながら「ここへ～」と言うなら、thisではなくhereを使う。

冷房を入れてください。

✘ Could you turn on the cooler?

 クーラーボックスのスイッチを入れてください。

冷房のcooler（クーラー）は和製英語。英語でcoolerと言うと、クーラーボックスを意味する。

 Could you turn on the air-conditioning?

英語で冷房、暖房はair-conditioning。知らないと泣かされる単語のひとつだ。

35

窓を開けてもいいですか。

✗ Can I open the window?

 私は窓を開ける能力があるでしょうか。

許可を求めているというよりも、窓を開ける能力があるかどうかを尋ねているように聞こえる。

 Do you mind if I open a window?

Do you mind if ～? で「～してもかまいませんか」の意味に。このとき、勘違いしやすいのがyes、noの答え方。No, I don't. が了解、Yes, I do. は不承知の意味になる。相手からNoと言われて、「えっ、ダメなの？」と慌てないように。

いくらですか。

✗ How much?

 いくらなのよ？

言い方によってはちょっと偉そうに聞こえてしまう。

 How much is it?

最後にis itをつける。これだけでぐっと柔らかな響きになる。

What's the charge?

whatを使うならこれ。charge（料金）はfareに置き換えてもよい。

ここで止めてください。

✖ Stop here, please.

こう聞こえる キャー！ ここで止めてよ！ お願い！

懇願しているように聞こえる。何事が起こったのか、相手がびっくりするかも。また、pleaseをつけずにStop here.などと言うと、「ここで止めろ！」と横暴な言い方になるので気をつけよう。

こう言う！ Here will be okay.

This'll be fine.

このような言い回しがよく使われる。「ここでいいです」「ここでけっこうです」の意。

ありがとう。お釣りはとっておいてください。

✖ Thank you. I will give you the change.

こう聞こえる ありがとう。私はあなたにお釣りを差し上げる決心をしました。

I willは強い意志や決意を表す。チップを渡すには不自然な言い回しだ。

こう言う！ Thank you. Keep the change.

おつりをチップとして渡す時の決まり文句なので、このまま覚えておこう。

セントラル・パークまでいくらですか。

✗ How much will it cost me to go to Central Park?

こう聞こえる セントラル・パークまで行くには、いったいいくら注ぎ込まなければならないの。

How much will it cost me to~?といった言い回しは、金額が大きい場合によく使われる。たとえば、家を買う時、How much will it cost me to buy a house?(家を買うのに資金はいくら必要ですか)といった具合に用いる。タクシー代程度では使わない。

こう言う! How much is it to Central Park?

列車やバスなどの料金を尋ねる時には、How much is it to~?(~=行き先、場所)でOK。

セントラル・パークはいくつめですか。

✗ How many train stops to Central Park?

こう聞こえる セントラル・パークまで電車の停車駅はいくつありますか。

train stopsと言うと、くどい表現になってしまう。いくつめかを聞く場合はstopだけでよい。

こう言う! How many stops to Central Park?

How many stops to~?で「~はいくつめですか」の意に。決まり文句なので、このまま覚えておきたい。

どこで乗り換えればいいのでしょうか。

✖ Where must I change trains?

こう聞こえる 私はどこで電車を乗り換える義務があるのでしょうか。

mustは義務が生じるときに使われる大げさな表現。相手は、「別に乗り換えなくてもいいんじゃない」などと答えてしまいたくなる。

こう言う! Where do I need to change trains?

mustでなく、need to〜を使うとより自然。対象となる列車は複数なので、trainsと複数形にする。

この席は空いていますか。

✖ Is this seat empty?

こう聞こえる この席に今はだれも座ってないですよね。

この言い方だと、そのイスの上に人が座っているかどうかを尋ねることになる。そんなことは聞かなくても見ればわかる。席に先客がいるのかどうかを尋ねるときにはこうは聞かない。Yes, but it's taken.（ええ、でも人が来ますよ）なんて言われそう。

こう言う! Is this seat taken?

「この席には人が来ますか」「この席には先客がいるのですか」といったニュアンス。決まり文句なので、このまま覚えよう。

次の駅はどこですか。

✖ Which is the next station?

こう聞こえる 次の駅はどっちですか。

whichは選択肢が少ないときに用いられる。電車や地下鉄、バスなどの停車駅はたくさんあるもの。よって、このような状況で使うのは不自然と言える。

こう言う! Where do we stop next?

「次はどこに停まりますか」。whereを使うならこの言い方。

グランドセントラル駅までどれくらいですか。　(所要時間を尋ねる)

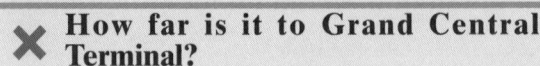

✖ How far is it to Grand Central Terminal?

こう聞こえる グランドセントラル駅までどれくらいの距離がありますか。

how farは距離の尋ね方。時間を聞くときには使わない。

こう言う! How long does it take to get to Grand Central Station?

おなじみのHow long does it take to〜？を使う。目的地までの所要時間を聞くならこれ。

切符の買い方を教えてください。

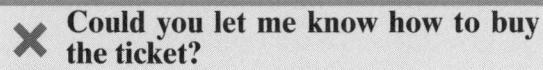

✕ Could you let me know how to buy the ticket?

🗣 その切符の買い方をお知らせいただきたく存じます。

Could you let me know~?（~をお知らせください）は、文書でよく使われる表現。また、ticketの前にtheをつけると「その切符」と限定されてしまう。

🗣 Could you tell me how to buy a ticket?

会話での質問は、Could you tell me~?でよい。また、切符全般の買い方を聞く場合、冠詞はtheでなくaを用いる。How do you buy a ticket?（切符はどうやって買うの？）と尋ねれば、よりカジュアルな表現になる。さりげなく聞く場合はこちらで。

バスの時刻表はありますか。

✕ Do you have a schedule for bus?

🗣 バス君のための予定表はある？

冠詞がないとbusが人の名前のように聞こえてしまう。

🗣 Do you have a schedule for the bus?

busの前に冠詞のtheをつけるのが重要。

乗り換える必要はありますか。

✗ Do I have to transfer?

こう聞こえる どうしても乗り換えないとだめなの？

Do I have to～?とすると、「本当は乗り換えたくないのだけど」というニュアンスが含まれる。It's up to you.（あなたの自由だけど）などと言われかねない。極度の面倒臭がり屋が使いそうなフレーズだ。

こう言う! Do I need to transfer?

need toを用いると自然な言い回しになる。

このバスはセントラル・パークまで行きますか。

✗ Is this the bus that takes me to Central Park?

こう聞こえる このバスが私をセントラル・パークに連れていってくれるのですか。

関係代名詞のthatを使うと、バスが強調され過ぎてしまう。これでは、チャーターバスについて話しているようなニュアンスになってしまう。空港に迎えに来ているホテルのバスの運転手に向かって、Is this the bus that takes me to the Hyatt？などと聞くにはぴったり。

こう言う! Will this bus take me to Central Park?

関係代名詞のthatは不要。なお、動詞のtakeはgetに代えてもよい。

バスを降りるときはどうすればいいのでしょう。
(周囲の人に尋ねる)

✕ How do I make the driver stop the bus?

こう聞こえる 運転手にバスを止めさせるにはどうすればいいのでしょう。

「make＋人＋動詞」はいかにも英語らしい表現だが、これでは運転手を脅してバスを止めさせるかのように聞こえる。バスジャックでもする気なのか……。

こう言う！ How do I tell the driver to stop?

How do I tell〜to…?（〜＝人）は、「…するには〜にどう言うのですか」。これを直訳すると、「降りるためには、運転手にどうやって伝えるのですか」。

そこに着いたら教えていただけますか。
(バスの中で運転手に頼む)

✕ Please let me know when the bus arrives.

こう聞こえる バスがやってきたらご一報ください。

Please let me knowは会話より、文書で使うのに適した表現。arriveは「自分のところに着く、到着する」の意で、バスが来るのを待っているときの言い方。

こう言う！ Could you tell me when to get off？

なにかを頼むときの定番表現Could you〜？を使う。これで「降りる時に教えていただけますか」となる。

セントラル・パークはもう過ぎてしまいましたか。

✘ Did Central Park pass?

こう聞こえる セントラル・パークは私たちを過ぎ去りましたか。

セントラル・パークを主語にすると、公園が動いたように聞こえてしまう。

こう言う! Have we passed Central Park yet?

Have we gone by Central Park yet?

主語はweを用い、have we～yet？と完了形にする。passもgo byも「通り過ぎる」の意。

オートマチック車を2日間借りたいのですが。

✘ I want to rent an automatic car for two days.

こう聞こえる オートマチック車の自動車を2日間借りたいんだよ～！

automaticだけでも「オートマチック車」の意になる。クルマがオートマチックで動くわけではなく、クルマのトランスミッションがオートマチックなだけなのだからautomatic carと言うのはおかしい。

こう言う! I'd like to rent an automatic for two days.

want to～の代わりにwould like to～を使う。

1日いくらですか。

✘ How much is it one day?

🔊聞こえる 「ある日」はいくらですか。

one dayは「ある日」「某日」の意。このままでは、かなり意味不明な質問になってしまう。

💬言う! How much is it for one day?

「1日では」「1日の場合は」と言いたいならfor one dayとする。

クルマを見せてください。

✘ May I see the car?

🔊聞こえる そのクルマを遠くからちらっと見せてもらえますか。

see the carと言うと「クルマをちらっと見る」「遠くから見る」といったニュアンス。100メートル先に停めてあるクルマを指差して、It's over there.（ほらあそこのあれだよ）なんて言われちゃうかも。

💬言う! Can I look at the car?

内部までよく見せてもらいたいときにはこのように尋ねる。海外でレンタカーを借りるなら、クルマの内部までしっかりと見せてもらい、きちんと説明を受けてから借りたい。

全補償の保険に入りたいのです。

✗ I'd like a full coverage for this insurance.

こう聞こえる この保険を売るので、全補償をください。

I'd like~for…は「…を売るからその分の~をください」というニュアンスの交換を申し出るときの言い回し。I'd like $500 for this car.（この車を売るので500ドルください）といった具合に使う。

言おう! I'd like full insurance coverage.

I'd like full-coverage insurance.

full-coverage insurance で「全額保険」の意。

I'd like full-coverage.

なにについて話しているのか明らかなのでfull-coverage（全額補償）だけでも十分。

> この保険を売るので、全補償をください。

緊急時の連絡先を教えてください。

✗ Which number should I call in case of an emergency?

こう聞こえる 緊急の場合はこの中のどっちの番号にかければいいですか。

Which number〜？はいくつか選択肢がある中で「〜はどの番号ですか」と尋ねるときの言い回し。電話番号の短いリストなどが目の前にある場合はこれでもOK。

こう言う! What number should I call in case of an emergency?

電話番号はwhichではなくwhatを使って尋ねるのが普通。

どんな車種がありますか。

✗ What kinds of cars do you have?

こう聞こえる そちらのクルマってどんなクルマ？

聞き方がおおざっぱすぎる。これだとクルマの走り具合や傷み具合などといった車種以外のことについて尋ねているように聞こえ、相手はなにが知りたいのか理解できない。Just regular cars.（ごく普通のクルマですけど）なんて答えが返ってきてしまうかも。

こう言う! What models do you have?

具体的に車種を尋ねるならこの言い方がベスト。

借りたい車に試乗はできますか。

✖ Can I drive a car before I rent it?

こう聞こえる どのクルマでもいいから、借りる前に試乗できますか。

冠詞のaを付けると「どのクルマでもいいから」という意味になってしまい、乗りたいクルマをまったく指定していないことになる。試乗するなら、借りるつもりのクルマに乗らなければ意味がない。

言う! Can I drive the car before I rent it?

試運転したいクルマが決まっているなら、冠詞はtheにすること。

クルマをぶつけてしまいました。警察を呼びたいのですが。

✖ I hit a car. I'd like to call the police.

こう聞こえる クルマを殴っちゃった。警察を呼ばせていただこうかな。

「クルマをぶつけた」という意味が通じたとしても、この言い方では完全に自分の非で相手のクルマにぶつけた印象になってしまう。また、I'd like to～はこのような状況で使うには丁寧すぎて不自然。

言う! I was in a car accident. I need to call the police.

be in a car accidentで「自動車事故にあう」の意。

タイヤがパンクしました。交換していただけますか。

✖ I have a flat tire. Can I change it?

こう聞こえる タイヤがパンクしました。私は交換することができますか。

Can I change it?と言うと自分で交換するかのように聞こえる。

こう言おう！ I have a flat tire. Can you change it?

修理工にタイヤの交換を頼むなら、Can I ～? ではなくCan you ～? と言わなければならない。

I have a flat tire. Can you fix it?

fixは「修理する、元どおりにする」の意。

バッテリーが上がったようです。

✖ The battery is high.

こう聞こえる バッテリーがハイになっています。

highは「麻薬かなにかで気分がハイになって」という意味でよく使われるため、逆にいつもよりエンジンの調子が良いように聞こえてしまう。

こう言おう！ The battery's dead.

直訳すると「バッテリーが死んでいる」。転じて「バッテリーが上がる」の意になる。

チェックインをしたいのですが。

✕ Check-in, please.

こう聞こえる お客様、チェックインを承ります。

このフレーズは、ホテルの従業員がお客さんにチェックインを促すときに使うフレーズ。

こう言う! I'd like to check-in.

I'd like to〜「〜したいのですが」を使うのが自然な言い方。

これが確認書です。

✕ This is a confirmation slip.

こう聞こえる これが確認書というものです。

This is a〜は人になにかを教えるときの言い方。たとえば、研究発表で「これが○○というものです」などと、指差しながら説明する。従業員に向かってこのような言い方をすると、I know.（知っているわよ）などと切り返されてしまうかも。

こう言う! Here's my confirmation slip.

Here's〜は「これが〜です、はいどうぞ」と相手になにかを差し出すときに使う決まり文句。学校英語では、何でもかんでもThis is〜で済ませる傾向があるが、ネイティブらしい自然な英語を目指すなら、きちんと使い分けたい。

もう少し大きい部屋に変えてください。

✗ Could you change my room to a larger room?

こう聞こえる 私の部屋をもっと大きい部屋にリフォームしていただけますか。

change my roomは「その部屋の構造（たとえば間取り）を変える」の意。リフォーム業者に向かって使いそうなひとことだ。

こう言う! Could you fix me up with a bigger room?

fix up with～（～を手配する）を使えば、意図がきちんと伝わる。

エキストラベッドを入れることはできますか。

✗ Can we use an extra bed?

こう聞こえる 私たちはエキストラベッドが必要でしょうか。

Can use～または、Could use～は「～を必要としている」という意味の言い回し。たとえば、I could use some help.（助けてくれるとありがたいのですが）といった具合に使う。

こう言う! Can we have an extra bed?

haveを使うことで「エキストラベッドをもってきてもらえますか」の意になる。

貴重品入れの使い方を教えてください。

✗ How can I use the safe?

こう聞こえる いったいどうしたら私は貴重品入れを使うことができるのでしょう？

主語が「私」になると、こんな仰々しいニュアンスになってしまう。

こう言う！ How does the safe work?

貴重品入れを主語にして、動詞にworkをもってくれば、自然な言い回しになる。

水道の水は飲めますか。

✗ Can I drink water?

こう聞こえる 私は水を飲むことができますか。

自分の能力の有無を尋ねているように聞こえる。答えに窮する相手の顔が目に浮かぶ。

こう言う！ Is it okay to drink the tap water?

Is it okay to〜？は、「〜してもいいですか」。tap waterは「水道水」。「水道水を飲んでもいいですか」が直訳となる。

Is the water safe to drink?

簡単に言うならこれ。「(水道の) 水は安心して飲めますか」。

朝食は何時からですか。

✘ What time can I have breakfast?

こう聞こえる 私は何時に朝食を食べることができるのですか。

レストランの朝食タイムを聞くのに、わざわざcan I have～?などと言わなくてよい。食事時間が決められている入院患者ではないのだから。

こう言う! What time is breakfast?

「朝食タイムは何時ですか」。シンプルにこれでOK。

朝食はどこでとれますか

✘ Where can I have breakfast?

こう聞こえる 私が朝食をとってもいい場所はどこですか。

この言い方だと朝食がとれる場所でなく、朝食を食べていい場所を尋ねていることになる。Anywhere you want.（部屋でも庭でもお好きなところでどうぞ）なんて答えが返ってきてしまう可能性あり。

こう言う! Where can I get breakfast?

haveではなく、getを使うのがミソ。haveはただ単に「食べる」の意だが、getは「食べに行く、食べ物を買いに行く」といったニュアンスを含む。getはさまざまな意味を持つ便利な動詞で、ネイティブはあらゆるシチュエーションで使う。

7時にモーニングコールをお願いします。

✕ Morning call at seven, please.

こう聞こえる 7時にチンプンカンプンをお願いします。

morning callという言い方は、どちらかというとイギリス英語。アメリカでは通じないことはないがあまり一般的とは言えない。

こう言う! I'd like a wake-up call at seven, please.

「モーニングコール」はwake-up callと覚えておこう。

部屋をきれいにしてください。
（ベッドメーキングが済んでいないとき）

✕ Could you clean up my room, please?

こう聞こえる めちゃくちゃな私の部屋を片づけてくれますか。

clean upと言うと、部屋がかなり散らかっているように聞こえる。ものすごく散らかっているならこの言い方でもOK。その場合、チップははずんでおくようにしたい。

こう言う! Could you clean my room?

通常のルームメイクを頼むなら、cleanだけでOK。

Could you make up my room?

make upを用い、「ルームメイクお願いします」と言ってもよい。

どなたですか。
(部屋をノックされたとき)

✕ Who are you?

こう聞こえる だれだ？

見ず知らずの人に対して使うにはかなり無礼な言い方。警官の尋問のように聞こえる。うっかり使わないように気をつけたい。

こう言う! Who is it?

「どなたですか」。扉を開ける前、訪問者を確認するときの一般的な言い方。用心のため、ドアを開ける前に必ず相手を確認しよう。

はい、今行きます。
(部屋をノックされたとき)

✕ Just a minute, please.

こう聞こえる 少々時間がかかります。

これは扉を開けるまでに、少し時間が必要なときに使われる表現。

こう言う! I'm coming.

すぐに出られるのなら、こちらの言い方。

入っていいですよ。
（ホテルの従業員に入室を許可するとき）

✗ Come in, please.

こう聞こえる どうかお入りになってくださいませ。

お客さんを部屋に招きいれるときの改まった言い方。ホテルの従業員に向かって言うには適さない。

こう言う! Come on in.

Come right in.

よりフレンドリーな表現。「どうぞ遠慮しないで」のニュアンスが含まれる。

荷物を取りにきてください。
（フロントに電話する）

✗ Could you come to pick up my baggage?

こう聞こえる 荷物を拾うためにきてもらえますか。

pick upは、「（預けていたものを）受け取る」「車で（人を）拾う」「拾い上げる」といった意味。よってこの言い方では、床に落ちた荷物を拾わせるために人を呼び付けているように聞こえる。

こう言う! Could you come and get my baggage?

come and get〜で「〜を取りにくる」の意になる。ネイティブらしい言い回しのひとつだ。

精算書が間違っていませんか。
（明細を見ながら）

✘ I think there is a mistake in this bill.

こう聞こえる 清算書のどこかに間違いがあるような気がしてなりません。

in this billは「この清算書のどこかに」の意。「何が間違っているのかはわからないが、どこかがおかしいような気がする」といったあいまいなニュアンスになる。

こう言う! I think this bill is wrong.

This bill is wrong.（この清算書は間違っている）とストレートに言う。ただし、文頭にI think〜を用いて婉曲的な表現にすること。

朝食の代金はその場で払いました。
（明細書を見ながら）

✘ I paid for the breakfast when I got it.

こう聞こえる 朝食の代金はとりに行ったときに払いました。

when I got itはwhen I went and got itを短くした形で、「とりに行ったときに」というニュアンス。よって、レストランで食べたり、ルームサービスで部屋に持ってきてもらった場合には、このような言い方はしない。

こう言う! I paid for breakfast at the restaurant.

「朝食の代金はそのレストランで払いました」が直訳。つまり、朝食を食べたときに支払いを済ませたことを意味する。

シャワーが故障しています。

✖ The shower is broken.

こう聞こえる シャワーの蛇口やコックが壊れちゃってます。

brokenと言うと、単にお湯が出てこないだけでなく、部品も取れてしまっていたりして、シャワーそのものが完全に使い物にならないことを表す。

こう言う! The shower isn't working.

The shower doesn't work.

シャワーが正常に機能せず、故障していることを伝えたいならこの言い方。動詞にworkを使うのがポイント。

荷物を運んでください

✖ Could you take my baggage?

こう聞こえる 私の荷物を自由に持ってっちゃってくれない？

運ぶ場所まできちんと言わないと、こんな誤解を招いてしまう。

こう言う! Could you take my baggage to my room?

baggage（荷物）のあとに、to＋場所をつける。これで荷物が目的の場所まで運ばれるはず。

テレビの映りが悪いのですが。

✕ There is something wrong with the TV set.

🔵こう聞こえる テレビがなんだかおかしいぞ。

映り具合がどうこうというより、なんだかわからないが、とにかくおかしいといったときに使われる言い方。たとえば、テレビから煙が出ているとか。

🔴こう言う！ My TV isn't working.

動詞はworkを使うのが一般的。

コンセントのつなぎ方を教えてください。
(電気製品を使うとき)

✕ Could you tell me how to connect?

🔵こう聞こえる 接続の仕方を教えてください。

how to connectは「どうくっつけたらいいのか」というニュアンスなので、プリンターやスピーカーなど、周辺装置とコンピュータを接続したいときの聞き方になる。たとえば、Could you tell me how to connect the computer and printer?（コンピュータとプリンターの接続の仕方を教えてください）。

🔴こう言う！ Could you tell me how to plug it in?

plug inは「コンセントに差し込む、プラグで接続する」の意。

出発時刻まで荷物を預かってもらえますか。

✘ Could you keep my baggage until my departure time?

こう聞こえる 飛行機が離陸するまで荷物を預かってもらえますか。

departure timeは「飛行機の離陸時刻」。離陸してから荷物を返されてももう遅い……。

こう言おう! Could you keep my baggage until I leave?

ここで言う「出発時刻」は「ホテルを去る時刻」なので、until I leave（ホテルを出るまで）と言った方が適切。

部屋を替えてもらえますか。

✘ Could I get another room?

こう聞こえる もう一部屋貸してもらえますか。

another roomと言うと、今ある部屋のほかにもう一部屋借りたいように聞こえる。

こう言おう! Could I get a different room?

different roomとすれば、部屋を替えて欲しい意図が伝わる。

Could I switch rooms?

switch（移る）という動詞を使えば、さらにシンプルな表現に。

お湯が出ません。

✕ Boiling water doesn't come out.

🔊こう聞こえる 熱湯が流れ出てきません。

boiling waterは「煮えたぎる熱湯」を意味する。そんな熱湯が蛇口から出てきたら大変なことになる。

🔊こう言う! The hot water doesn't work.

「お湯」はhot water。~doesn't workは「~がきちんと作動しない」という意味の言い回し。さまざまな場面で使えるので覚えておこう。

部屋に鍵を置き忘れました。

✕ I left my key in the room.

🔊こう聞こえる 鍵は部屋に置いたままです。

カギを部屋に置いて、自動ロックの部屋を出てしまったときの言い方としては少し不自然。英語らしく言うなら「カギを置き忘れた」ことよりも、「部屋に戻れなくなった」ことを強調して話す。

🔊こう言う! I'm locked out.

I got locked out.

直訳すると「締め出されました」。このように言った方が自然に聞こえる。ホテルの従業員も、事態をすぐに理解してくれるだろう。

鍵をなくしてしまったようなんです。

✕ I lost my key.

こう聞こえる 鍵がなくなったんだよ！

ちょっと傲慢な感じがする表現。自分の不注意で鍵をなくしたときの言い方としては不適切。

こう言う！ It looks like I lost my key.

It seems I've lost my key.

It looks likeやIt seemsを用いると、「(なくしてしまった) ようなのですが」といったニュアンスが出る。断言せずに言葉を濁すのは、日本語でも英語でも同じ。

鍵がなくなったんだよ！

この辺りのおいしいレストランを教えてください。

✗ **Please teach me a delicious restaurant nearby.**

こう聞こえる お願いですから、近くのおいしいレストランを伝授してください。

teachはそこに学習がともなう場合の「教える（教授する）」。よって、このような状況では使わない。

こう言う! Could you recommend a nice restaurant near here?

なにかを頼むときの決まり文句Could you～？を使う。recommendは「勧める」の意。「おいしい」はdeliciousでなく、niceと表現する方がより自然。

Any nice restaurant around here?

くだけた言い方。尻上がりに言うことで肯定文が疑問文になる。

3名で今晩6時からお願いします。

✗ **We are three and at six tonight.**

こう聞こえる 私たちは3才です、そして今夜6時に。

We are threeだけだと、年齢を表すことになる。

こう言う! A party of three at 6:00 tonight.

a party of～を用いるのがポイント。このように言えば、誤解されることなく正しく伝わる。

あまり高くないレストランがいいです。

✗ I'd like a restaurant not too expensive.

こう聞こえる あまり高くないレストラン物件をください。

I'd like〜は「〜をください」の意。これではレストランを買おうとしているように聞こえてしまう。

こう言う! I'm looking for a restaurant that's not too expensive.

be looking for〜（〜を探している）を使う。

Is there a restaurant nearby, not too expensive?

Is there〜? を使えば、「近くにレストランありますか。あまり高くないところで」となる。nearbyとnot tooの間で少し間合いをとる。

この地方の名物料理はなんですか。

✗ What is the local food?

こう聞こえる この辺りで採れる食材はなんですか。

これでは名物料理でなく、地元で採れる食材を尋ねていることに。

こう言う! Are there any local specialties?

「〜がありますか」の定番表現Are there any〜? を使う。地元の名物料理はlocal specialties。

予約は必要ですか。

✖ Must I make a reservation?

こう聞こえる 私は予約を入れる義務がありますでしょうか。

mustは深刻な問題について語るときに多く使われる表現。日常会話で用いるととても不自然。

こう言う！ Do I need reservations?

「〜は必要ですか」と言いたいのなら、Do I need〜?を使うのが一般的。a reservationでなく、reservationsと複数形にするのも忘れずに。

Are reservations required?

もっとも簡単な言い方ならこれ。

どのくらい待ちますか。

✖ How long do we have to wait?

こう聞こえる いつまで待たせるつもり？

質問というより、文句を言っているように聞こえる。実際に何十分も待たされて、抗議するならこの言い方でOK。

こう言う！ How long's the wait?

「待ち時間はどれくらい？」といったニュアンスならこの言い回しで。the waitは「待ち時間」の意。

店は何時まで開いていますか。

✖ What time do you finish?

こう聞こえる 君、仕事は何時に終わるの？

What time do you finish work?を省略して言った形。ナンパしているのかと思われる表現なので気をつけたい。

こう言う！ What time do you close?

When do you close?

「(店を)閉める」という動詞は、日本でもよく使われるcloseでよい。finishは「完了する」の意が強い。たとえば、I'll finish this report at 5:00.（5時にこのレポートを書き終えるつもりです）といった具合。

メニューを見せてください。

✖ Give me a menu.

こう聞こえる メニューをくれ！

威張っているように聞こえる。良識ある大人はこう言わない。

こう言う！ Can I have a menu?

Can I have ～?（～をください、～を見せてください）を使えば自然な言い回しに。店員さんになにかを持ってきて欲しいときに使う言い方なので覚えておきたい。

では、待ちます。

✘ Okay, we're waiting.

こう聞こえる じゃあ、待っているから急いでね。

現在進行形にすると、相手を急かしているように聞こえる。急いで欲しい相手にプレッシャーを与えたい場合はこう言えばよい。

こう言う！ Okay, we'll wait.

we'llと短縮した未来形にすると、さりげなく聞こえる。

何か軽いものを食べたいです。

✘ I'd like some light foods.

こう聞こえる 目方の軽い食べ物をいくつか食したいのですが。

日本語で軽いものと言うと「あっさりしているもの」を表すが、英語のsome light foodsだと、文字どおり「目方が軽いもの」を指す。

こう言う！ I'd like something light.

「なにか軽い物」はsomething light。

Something light would be nice.

something lightを主語にした言い方はネイティブがよく使う。

ちょっと待ってください。
（「ご注文は？」と聞かれて）

✗ Just a moment, please.

こう聞こえる 一瞬だけ待ってください。

これは数秒で注文ができるときの言い方。こう言われたウェイトレスは、そのままテーブルの前で待つだろう。

こう言う！ I need just another minute.

数分待って欲しいならこの言い方。ウェイトレスはいったんテーブルを離れるので、ゆっくりとメニューを見ることができる。

I'm not ready to order yet.

「オーダーの準備はできていません」が直訳。だいぶ時間がかかるときはこちらの言い方がベター。

おいしいですね。

✗ It's good.

こう聞こえる まあまあじゃない。

goodは言い方によって、褒め言葉でなくなる微妙な単語。使い方には気をつけたい。

こう言う！ This is really good.

「おいしい」はreally goodと表現すれば、ストレートに伝わる。

注文をお願いします。

✗ May I order?

こう聞こえる 注文させてもらってもよろしゅうございますか。

この場合のMay I～？は、やたらとへりくだっているように聞こえる。オーダーするのに許可を求める必要はない。

こう言う！ I'd like to order.

「注文をお願いします」の決まり文句。

I'm ready to order.

be ready to～は「～の準備ができている」。つまり注文が決まったことを表す。英語らしいスマートな表現。

またにします。

✗ We'll come back again.

こう聞こえる またあとで戻ってきます。

こう言うと、その日のうちにもう一度戻って来ると思われる。

こう言う！ We'll come another day.

another day（別の日）と言うのがポイント。これで「また来ます」「また今度にします」といったニュアンスが伝わる。

あれと同じ料理が欲しいのですが。
（近くの人の料理を見ながら）

✗ Can I have the same dish as that one?

こう聞こえる あれと同じ皿をもらっていい？

same dish as that oneと言うと、「あれと同じ皿」の意になってしまい、食べ物ではなく、皿の話をしているように聞こえてしまう。

こう言う! Can I have what he's having?

「彼（あの人）が食べているのと同じものをもらえますか」が直訳。役立つ表現なので覚えておきたい。

I'd like the same thing he's having.

「〜が欲しい」の定番表現I'd like〜を使ってもよい。

フォークを落としてしまいました。

✗ I dropped the fork.

こう聞こえる みんなで使っていた唯一のフォークを落としてしまった。

冠詞のtheをつけてthe forkと言うと、フォークが限定されるため、the one and only fork（唯一のフォーク）の意になってしまう。たとえば、サラダをとり分けるためのフォークとか。

こう言う! I dropped my fork.

自分で使っていたフォークを落としたのなら、my forkとする。

これはどんな料理ですか。
（メニューを指しながら）

✘ What is it?

🗣 なにこれ〜?

食べ物を指してitを使うのはとても無礼なこと。家庭の食卓でも、子どもが料理を指差してWhat is it?と言えば、必ず母親に叱られる。

💡 What's this?

「これはどんなの？」「これはどんなもの？」といったニュアンス。料理について説明してもらうときによく使われる聞き方。

What does this taste like?

「これはどんな味がするのですか」という具体的な尋ね方。

これにします。
（メニューを指して）

✘ I want this.

🗣 これが食べたいよ〜！

子どもっぽい言い回し。普通、大人はこのような言い方はしない。

💡 I'd like this.

I'd like〜は「〜をください」「〜にします」の意で、食事などを注文する時の定番表現。

ワインをもう一杯ください。

✗ Would you bring me another wine, please?

こう聞こえる 別の種類のワインを持ってきてくれますか。

another wineとすると、「別のワイン」の意になる。これでは同じワインをお代わりするつもりが、別の種類のワインが運ばれてきてしまうかもしれない。さらに、店の人から、What would you like?（何になさいますか）と、聞かれる可能性も。

こう言おう! Would you bring me another glass of wine?

「もう一杯」はanother glass of。glass ofを落とさないことが大切。

Could I have some more wine, please?

some more wineを用いてもよい。

これはなんの値段ですか。

（勘定書を見ながら）

✗ What is this?

こう聞こえる これはなんなのよ？

質問しているのではなく、文句を言っているように聞こえる。

こう言おう! What's this for?

勘定書に書かれた金額のひとつを指差して言うならこの言い方がベスト。「これはどの分の値段ですか」といったニュアンス。

これはどうやって食べるのですか。

✕ Please tell me how to eat this.

🅲 どうかこの料理の食べ方を伝授してください。

食べ方を聞くだけなのにplease tell me（お願いですから教えてください）というのは、仰々しく聞こえて不適切。お願いするほどのことではない。

🅞 What's the proper way to eat this?

「正しい食べ方はどうするのですか」という意味の少々かしこまった言い方。proper wayは「正しい方法」。

How is this eaten?

「これはどうやって食べられるのですか」が直訳。気軽に尋ねるならこの言い方でもよい。

> どうかこの料理の食べ方を伝授してください。

これは注文していないと思いますが。
（注文していない料理が運ばれて）

✗ I didn't order this.

🔊こう聞こえる こんなもの注文してないわよ！

相手を責めているように聞こえるのでこういった言い方は避ける。

🗣こう言う! I don't think I ordered this.

文頭にI don't thinkを持ってくると、柔らかなニュアンスになる。

Are you sure this is mine?

「あら、これは注文したかしら？」。こんなふうに言えれば、英語上級者の仲間入り。

もう結構です。
（ウェイターにデザートをすすめられて）

✗ No, thank you.

🔊こう聞こえる もういらない。

言い方によっては冷たく聞こえる。アメリカなどでは、ウェイターやウェイトレスはとても気さくに接してくれる。こちらもできるだけフレンドリーに受け答えしたい。

🗣こう言う! I'm full. Thank you.

直訳すると「もうおなか一杯です。ありがとう」となる。やんわりと断るならこの言い方がベスト。

このスープはぬるいです。取り替えていただけますか。

✗ This soup isn't hot. May I have another soup?

こう聞こえる このスープは熱いことはない。別の種類のスープを持ってきていただけますか。

hotは「熱い」の意。普通、熱いスープは冷ましてから食べるため、これでは苦情を言っているようには聞こえない。isn't hot enough（十分熱くない）と言うならOK。また、May I have another soup? は、ネイティブの耳にはMay I have another kind of soup?（別の種類のスープをいただけますか）と同じに聞こえる。

こう言う! This soup is cold. Could you bring me another bowl?

「冷めている」「ぬるい」はcoldでOK。Could you bring me another bowl?は「別のを持ってきてください」「取り替えてください」といったニュアンス。bowlは「スープ皿」「深皿」の意。

持ち帰ります。
（ファーストフードで）

✗ I'll bring it.

こう聞こえる 私はそれを持って入ります。

これだと「持ち帰る」ではなく、「持って来る」の意になる。

こう言う! To go, please.

英語で「持ち帰り（テイクアウト）」はto go。「テイクアウト」はカタカナ英語。

コーヒーのおかわりをください。

✗ Could you give me some more coffee, please?

こう聞こえる もっとコーヒーをただでもらえますか。

Could you give me〜, please?は「〜をただでもらえますか」といったニュアンスの言い回し。卑しい感じに聞こえるので、避けた方が無難。コーヒーの試飲コーナーじゃないのだから……。

こう言う! Could I get a refill?

おかわりをもらうときの決まり文句。覚えておこう。refillは「おかわり」の意。

残った料理を持ち帰ることはできますか。

✗ Can I have this to go?

こう聞こえる テイクアウトはできますか。

ファーストフード店でテイクアウトの注文をしているように聞こえる。きちんとしたレストランでこう言ったら馬鹿にされるかも。

こう言う! I'd like to take this home.

「持ち帰りたいのですが」が直訳。これだけでも十分通じる。

Would you bring me a doggie bag, please?

「持ち帰り用の袋をもらえますか」doggie bagはレストランなどで食

べきれなかった分を持ち帰るときにもらう袋のこと。

勘定をお願いします。

✗ Give me the check.

こう聞こえる おい、勘定よこせ！

いくら客でも、こんな横柄なものの言い方はよくない。常識を疑われる。

こう言う！ Can I have the check?

勘定を頼むとき、ネイティブがもっとも使うのがこの言い方。Can I have～? は「～をください」の定番表現。

部屋の勘定につけておいてください。
(ホテルのレストランで)

✗ Will you charge it to my room?

こう聞こえる 私の部屋の勘定につけますか、それともつけないですか。

Will you ～? は「～しますか、それともしないのですか」の意で用いることが多い。

こう言う！ Would you charge it to my room, please?

依頼の場合は、Would you ～? を用いる。「部屋につけておいていただけますか」「部屋の勘定につけてください」といったニュアンスになる。

おつりが間違っているようです。

✖ You gave me the wrong change.

こう聞こえる おつり、間違ってるわよ。ごまかそうとしていない?

はっきりと断言し、相手を露骨に非難しているように聞こえる。

こう言う! I think I got the wrong change.

文頭にI thinkを持ってくると、「(おつりが間違っている)ようですが」のニュアンスが出る。柔らかい言い方で、相手を責めているような感じはない。

フライドポテトのLサイズをください。
(ファーストフードで)

✖ Please give me a large fried potato.

こう聞こえる 大きなジャガイモの丸揚げをください。

a large fried potatoだと「大きなジャガイモの丸揚げ」というおかしな料理になってしまう。You don't want it sliced?!(スライスしなくていいの?!)なんて驚かれてしまうかも。また、Please give me～も、子どもっぽい言い方に聞こえる。

こう言う! I'd like one large French fries.

フライドポテトは英語ではFrench fries。料理を注文するときはI'd like～を用いるのがベスト。

地図はありますか。
（観光案内所などで尋ねる）

✗ Do you have a free map of this area?

こう聞こえる ただでもらえる地図はありますか。

free mapと言うと、ただで地図が欲しいという気持ちが露骨に表れてしまう。もう少し、婉曲な表現にしたい。

こう言う！ Do you have any maps you can give me?

「私にくれることができる地図はお持ちですか」が直訳。これで無料地図ということが自然とわかる。ただし、通常、どこの案内所でも地図は無料なので、わざわざ「無料の」と言う必要もないが。

地下鉄の路線図はありますか。
（ホテルのコンシェルジュなどに聞く）

✗ I'd like a subway route map.

こう聞こえる 地下鉄の路線図をひとつくださいな。

I'd like〜は「〜をください」という定番表現。これでは、ファーストフード店でハンバーガーを注文しているように聞こえてしまう。

こう言う！ Where can I get a subway map?

「地下鉄の路線図はどこで手に入れられますか」が直訳。地下鉄の路線図がもらえるかどうかわからない場所で使うなら、このような言い回しが自然。

そこへの行き方を教えてください。

✕ Could you please tell me how to get there?

こう聞こえる そこへの行き方をどうかこの私に教えていただけませんでしょうか。

お願いの念が強すぎ、やたらと仰々しい表現になってしまう。聞かれたほうもびっくりしてしまう。

こう言おう！ How do you get there?

道筋を聞くときの決まり文句。「そこへはどうやって行けばいいのですか」といったニュアンス。Iではなく、youを使うのがポイント。

What's the best way to get there?

「そこへのいちばんよい行き方は？」と聞いてもよい。

この地図で教えてください。

✕ Please use this map to show me.

こう聞こえる この地図を使って説明してみてごらん。

教師が生徒に向かって話しているような言い回し。

こう言おう！ Could you show me the way on this map?

教えてもらいたいときは、Could you show me〜？を使うとよい。「(地図)上で」はon。イメージしやすい前置詞だ。

ひとりいくらですか。

✘ How much is one person?

こう聞こえる 人間ひとりいくらですか。

これでは人身売買になってしまう。我らは奴隷に非ず。

こう言う! How much is it per person?

is itとper person（ひとり当たり）を使うのがポイント。このまま覚えてしまおう。

How much is one ticket?

「チケット1枚でいくらですか」。さらに簡単に言うならこの言い方。

入場料はいくらですか。

✘ How much does the entrance fee cost?

こう聞こえる 入場料を買うにはいくらかかるのですか。

entrance feeとcostの意味が重複しておかしな文に。よくある間違いなので十分に気をつけたい。

こう言う! What's the entrance fee?

What's～?で、「～はいくらになってるの？」という意味。ここでは、「入場料はどのくらい？」となり、さらりと尋ねるのにぴったりの表現となる。

歩いて何分くらいかかりますか。

✘ How far is it by walking?

歩いて距離はどのくらいですか。

How far〜? は、距離を尋ねる時に使う。by walking（歩いて）でもby car（車）でも、距離は変わらないことを考えると、おかしな表現ということがわかる。

How long does it take to walk there?

時間を知りたいなら、How longを用いる。

Is it too far to walk?

「歩いて行くには遠すぎますか」が直訳。さりげなく尋ねるにはぴったりの表現だ。

ボストン美術館は日曜日は開いていますか。

✘ Is the Boston Museum open Sunday?

ボストン美術館は今週の日曜日、開いていますか。

単にSundayと言うと「今週の日曜日」に限定されてしまう。

Is the Boston Museum open Sundays?

Sundaysと複数形にする。

バスはどこで乗れますか。

✖ Where's the bus stop?

こう聞こえる あのバス停はどこでしたっけ？

the bus stopとすると、特定のバス停について尋ねているように聞こえてしまう。

こう言う! Where's the closest bus stop?

closest（closeの最上級）をつけると、最寄りのバス停を指す。これで、バスに乗りたいことが相手に伝わる。

チケットの手配をお願いできますか。

✖ Could you buy a ticket for me?

こう聞こえる チケットの代金を払ってもらえますか。

この言い方だと、相手にチケット代を出してもらうことになってしまう。こんなずうずうしいお願いをしたら、Why would I do that?（なんで私がそんなことを？）なんて言われてしまうかも。

こう言う! Could you arrange a ticket for me?

「手配する」はarrangeを用いる。

Could you fix me up with a ticket?

fix up with〜（〜の手配する）を使っても同じ意味に。

チケットはいくらからありますか。

❌ How much does a ticket start at?

こう聞こえる このチケットの入札スタート値段は？

数種類あるチケットの値段帯を尋ねるのに単数形ではおかしい。これではオークションの入札スタート値段を尋ねているように聞こえてしまう。

こう言う！ What do tickets start at?

チケットがA席、B席などと分かれているときには、ticketsと複数にして尋ねる。

当日券はどこで売り出されますか。

❌ Where can I have a ticket for today?

こう聞こえる 今日はどこでチケットを持ったらいいですか。

have a ticketは「チケットを持つ」の意。「チケットを買う」ことにはならない。

こう言う！ Where can I get a ticket for today's performance?

「チケットを買う」はget a ticket。haveとgetは同じように使えるときと、意味が違ってくる場合とがある。日本人が使いこなすにはむずかしい動詞のひとつ。

オペラの観劇ツアーはありますか。

✗ Do you have a tour for the opera?

こう聞こえる オペラの人たちが参加できるツアーはありますか。

Do you have a tour for ～? で「～が参加できるツアーはありますか」「～のためのツアーはありますか」といった意になる。
たとえば、
Do you have a tour for Japanese tourists?（日本人観光客が参加できるツアーはありますか）といった具合。

こう言う! Do you have any opera tours?

any opera tours で「オペラの観劇ツアー」を表す。

Are there any opera tours?

Do you have any の代わりに、Are there any を用いても同じ意味になる。

Do you know if there's a tour that includes an opera performance?

「オペラを含むようなツアーがあるかどうかご存じですか」が直訳。
こう聞けば、オペラの観劇がついたツアーを紹介してくれるはず。

どんなツアーがありますか。

✘ What kind of tours do you have?

こう聞こえる ツアーを種類別に分けて教えてください。

What kind ofを用いると、具体的なツアー名より、「山へ行くツアー、海へ行くツアー、郊外を訪れるツアーがあります」などと、ツアーの種類を尋ねていることになってしまう。

こう言う! What tours are available?

「どんなツアーが参加可能なのですか」が直訳。このまま覚えたい。

ツアーのパンフレットはありますか。

✘ Do you have the tour pamphlet?

こう聞こえる その特定のツアーのパンフレットはありますか。

the tourとすると、あるひとつのツアーを指すことになる。特定のツアーについて話している会話の中で言うならOKだが、いろいろな種類のパンフレットをもらいたいときは不適切。また、英語でパンフレットはpamphletより、brochureの方がベター。

こう言う! Do you have any tour brochures?

anyを使えば、ツアーのパンフレット全般を指す。brochuresと複数形にするのも忘れずに。

おすすめのツアーを教えてください。

✗ Could you recommend some popular tours?

こう聞こえる みんなが好きなツアーをいくつか紹介してください。

このpopularは「だれもが好きな」「ありふれた」のニュアンス。微妙に意味合いが違ってくるので気をつけたい。

こう言う! Is there a tour you can recommend?

「～はありますか」の定番表現Is there a ～?を使う。「おすすめ」はrecommendで表す。

そのツアーはどこを回りますか。

✗ Where do we visit on this tour?

こう聞こえる 私たちはどこを訪問するのですか。

ツアーの場合visitは使わない。

こう言う! Where does this tour go?

「そのツアーはどこへ行きますか」が直訳。

What's on this tour?

「このツアーにはなにが含まれているのですか」。さらりと尋ねるにはぴったりの表現。

ディズニーランドに行くツアーに申し込みたいのですが。

✗ **I want to apply for a tour to Disneyland.**

こう聞こえる ディズニーランドツアーに応募したいんだもん。

want to〜は子どもっぽい言い回し。apply forは「応募する」の意で、apply for a job（仕事に応募する）などのように使う。

こう言う! **I'd like to sign up for a tour to Disneyland.**

大人なら、I'd like to〜（〜したい）を使うべき。「申し込む」はsign up for。

トイレに行く時間はありますか。

✗ **Can I have time to go to the restroom?**

こう聞こえる 私がトイレに行く時間を作ってもらえる？

自分勝手な発言に聞こえる。こんな非常識な言い方をしたら、他のお客さんから白い目で見られるだろう。

こう言う! **Is there time to go to the restroom?**

Is there time to〜? で「〜する時間はありますか」の意に。

Do we still have time to go to the restroom?

そろそろバスが出発するといった状況ならこの聞き方。「まだトイレに行ってくる時間はありますか」。

道に迷ってしまいました。この地図で現在位置を教えてください。　（街中で尋ねる）

✗ I'm lost. Please tell me where is it on this map.

こう聞こえる 道に迷いました。お願いですから「この地図ではどこになりますか」と言ってください。

Please tell meの後で、突然、疑問文に変わっているため、文法的にも問題あり。Where is it on this map?（この地図ではどこになりますか）だけならOK。

こう言う！ I'm lost. Could you tell me where it is on this map?

この場合、whereの後は疑問文でなく、肯定文にするのが正しい。

略図を描いていただけますか。

✗ Could you write the rough map?

こう聞こえる その略図を文字で書いていただけますか。

writeは「文字を書く」。図を描くときには使えない。

こう言う！ Could you draw a rough map for me?

「図を描く」は、writeではなくdraw。

Could you draw me a rough map?

Could you draw me〜？で「私に〜を描いてもらえますか」の意。冠詞はtheでなく、aにするのが正解。

真っ直ぐに行けばいいのですか。

✖ Should I go straight?

こう聞こえる どっちに行くべきでしょうか。真っ直ぐに行った方がいいと思いますか。

Should I～? は「私は～すべきでしょうか」。道を尋ねているというよりは、相談に乗ってもらっているように聞こえる。

こう言う! Is it down this road?

直訳すると「この道の先ですね？」。つまり、真っ直ぐ行けばよいか尋ねていることになる。

シャッターを押してもらえますか。

✖ Could you take a picture for me?

こう聞こえる 私の代わりに写真が撮れますか。

自分の代わりに誰かに写真を撮ってもらうときの頼み方。たとえば、指を怪我していて自分でシャッターが押せないときなどに使う。

こう言う! Could you take a picture of me?

Would you take a picture of us?

「私（私たち）を撮ってもらっていいですか」が直訳。前置詞ひとつでニュアンスがガラリと変わるので要注意。

この場所は撮影禁止ですか。

✗ Are we allowed to take pictures here?

こう聞こえる ここで写真を撮ることは果たして許可されているのでしょうか。

異常に改まった仰々しい言い方。普通の場所で使うのは不自然だ。しかし、バッキンガム宮殿やルーブル美術館などといった、警備が厳しい場所で聞くには適している。

こう言う! Are cameras allowed?

「カメラ、いいですか」。さりげなく聞くにはぴったりの表現だ。

フラッシュをたいてもいいですか。

✗ May I use a flash?

こう聞こえる フラッシュをたかせてもらってもかまいませんかねぇ。

その場所でフラッシュ撮影が可能かどうかより、フラッシュをたく許可を相手から得ようとしているように聞こえる。

こう言う! Can I use a flash here?

「私はここでフラッシュを使うことができますか」が直訳。May I 〜？でなく、Can I〜？を使うのがポイント。

私と一緒に写真に入ってもらえますか。

✘ Would you pose with me?

こう聞こえる 私と一緒に気取ったポーズをとってもらえますか。

poseと聞くと、ネイティブならファッションモデルが行うような「気取ったポーズをとる」ことを思い浮かべる。もちろん、そうするつもりで言うのならかまわない。

こう言う! Would you take a picture with me?

poseでなく、takeを使う。ちなみに、最後をof meに変えるとおなじみの「写真を撮ってもらえますか」の意に変わる。

Let's take a picture together.

「一緒に写真を撮りましょう」。カジュアルな言い方ならこれ。

どちらのチームを応援していますか。

✘ Which team are you supporting?

こう聞こえる どのチームのスポンサーですか。

supportは「金銭的に援助する」の意。このように言うと、スポンサーとして資金援助でもしているかのように聞こえてしまう。

こう言う! Which team are you rooting for?

root for〜は「〜を応援する」「〜を声援する」の意。

今日はビルが投げる日でしょうか。

❌ Will Bill pitch today?

こう聞こえる ビルが今日投げると約束してくれますか。

Will＋〜（〜＝人）＋…（…＝動詞）で「〜は…しますか、約束ですね？」といったニュアンスになる。これは相手と約束をとりつけようとするときによく使う言い回し。つまりこの言い方だと、話している相手が登板する選手を決める権限をもっているかのように聞こえてしまう。友人との会話としては不適切。

こう言う！ Is Bill going to pitch today?

Is〜going to…？で「〜（人）は…する予定ですか」の意になる。

ドジャースの試合はいつありますか。

❌ When are the Dodgers going to play games?

こう聞こえる ドジャースはいつふざけたことをしますか。

play gamesは「ふざける」「いいかげんにやる」といった意味のフレーズ。「試合をする」という意味にはならない。

こう言う！ When are the Dodgers going to play next?

「ドジャースの次の試合はいつですか」が直訳。「試合をする」はplayだけでOK。

オリジナルグッズはどこで買えますか。

✗ Where can I buy some original goods?

こう聞こえる ユニークな品物はどこで買えますか。

「オリジナルグッズ」は和製英語。original goodsは英語では「ユニークな品物」という意味になってしまう。

こう言う! Where can I get some official merchandise?

official merchandiseで「オリジナルグッズ」の意になる。merchandiseは商品。

明日のテニスコートの予約はどこでできますか。

✗ Where can I reserve a tennis court tomorrow?

こう聞こえる 明日はどこでテニスコートの予約ができますか。

いま、明日の分を予約するのではなく、明日予約を入れるとき、どこでできるのかを尋ねているように聞こえてしまう。

こう言う! Where can I reserve a tennis court for tomorrow?

明日の予約をとるならfor tomorrowとする。forの一語が大切。

ラケットを2本貸してください。

✗ Could you please lend me two rackets?

こう聞こえる お願いですからラケットを2本貸してくださいませんでしょうか。

Could you please〜? は「お願いですから〜してもらえませんか」といったニュアンス。このような状況で使うには不自然。

こう言う! I need to borrow two rackets.

I need to 〜を用いれば、「〜したいのですが」というニュアンスが出る。

インストラクターにレッスンをお願いしたいのです。

✗ Can I ask instructor for a tennis lesson?

こう聞こえる インストラクター君にテニスレッスンを頼んでいいですか。

instructorの前に冠詞がないと、それが名前のように聞こえてしまう。たとえば、Can I ask Bob for a tennis lesson?（ボブにテニスのレッスンを頼めますか）といった具合。

こう言う! Can I ask an instructor for a tennis lesson?

冠詞のanを忘れないようにする。

スキースクールに参加したいのですが。

✖ I'd like to attend a ski lesson.

こう聞こえる スキーレッスンに出席したいのですが。

「スキーレッスンに参加する」と言いたいときにattend a ski lessonとは言わない。attendは講義などについて用いることが多く、I'd like to attend a lecture on accounting.（会計学の講義に参加したいのですが）といった具合に使う。

こう言う！ I'd like to take a ski lesson.

「スキーのレッスンを受ける」は、take a ski lesson。テニスやスカッシュなど、スポーツのレッスンを受けるときはtakeと覚えておこう。

Do you offer ski lessons?

「スキーレッスンを提供していますか」が直訳。つまり、スキーのレッスンを行っているかどうかを尋ねていることになる。offerは「提供する」の意。

道具を借りることができますか。

✖ Can I rent some equipments?

こう聞こえる 用具たちを借りることはできますか。

equipment は集合的に「装備」「用具」といったものを表す言葉で、単数のまま用いるのが普通。

こう言う！ Can I rent some equipment?

equipmentは必ず単数形で用いる。複数形はない。

I'd like to borrow some equipment.

I'd like to~（~をしたいのですが）と申し出てもよい。なお、borrowは一般的な「借りる」の意で、無料で借りられるときや有料か無料かわからないときに使う。一方、rentは借りるのにお金がかかるときに用いる。ちょうど「レンタルビデオ」のニュアンス。

こちらで一緒に飲みましょう。

✗ Would you like to drink with us?

こう聞こえる 一緒に酔っぱらいませんか。

drinkは「大酒を飲む」という意味でよく使われる動詞。たとえば、My father drinks.というと「私の父はアル中です」の意になる。

こう言う！ Why don't you join us for a drink?

Why don't you ~? は「~したらどう？」「~しませんか」と相手を誘うときの言い回し。この場合のdrinkは酒類のみを指している。

Would you like to join us?

「一緒に飲みませんか」。Would you like to~?は「~したいですか」「~しませんか」と尋ねるときの定番表現。

スロットマシーンのやり方を教えてください。

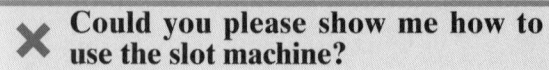

✗ Could you please show me how to use the slot machine?

こう聞こえる スロットマシーンの使用法を教えていただけませんでしょうか。

useは道具や機械について使われることが多く、「使用する」のニュアンスが強い。Could you please〜? もちょっと堅苦しい。

こう言う! Can you show me how to play the slot machines?

ゲーム機だったらplayが正解。ゲーム機はplay、道具はuseと覚えよう。

How do you play these slot machines?

How do you play 〜?は「〜はどうやるの？」と、遊び方やプレイの仕方を尋ねるときの言い回しになる。

もうやめにします。

（ゲームの途中で）

✗ I'd like to stop.

こう聞こえる もうやめたいんだけどもやめられない……。

この言い方だと、そのあとにbut I can't.（でもやめられない）という含みがあるように聞こえる。もうやめなければならないのに、ずるずるとプレイを続けてしまっているときなどに使うひとこと。

こう言う! I'm finished.

きっぱり伝えるならこの言い方。finishedは「終えた」という形容詞。Are you finished?は「もう終わりましたか」という決まり文句。

That's all for me.

「私にとってはこれがすべてです」が直訳。つまり、「これで終わりにします」の意。

席料はかかりますか。

✘ Do you charge for cover charge?

こう聞こえる 席料には料金がかかりますか。

Do you charge for ～?は「～に料金はかかりますか」の意。たとえば、Do you charge for parking?（駐車するのに料金はかかりますか）といった具合に使う。よってこのように聞くと「席料の料金」というおかしな意味になってしまう。

こう言う! Do you have a cover charge?

「～はありますか」の定番表現Do you have a ～?を用いる。これで「席料はありますか」が直訳となる。

What's the cover charge?

「席料はいくらですか」の意。席料がかからなければThere's no cover charge.（席料はかかりません）などと、答えてくれるだろう。

この辺りのショッピングエリアはどこですか。

✗ Where is the shopping area near here?

こう聞こえる その近くのショッピングエリアというのはどこにありますか。

冠詞つきのthe shopping areaだと、特定の場所を尋ねているように聞こえる。また、ネイティブはshopping areaという表現をあまり使わない。

こう言う! Where can I do some shopping around here?

直訳すると、「このあたりなら、どこで買い物をすることができますか」。do some shopping（買い物をする）は、いかにもネイティブらしい表現。覚えておきたい。

Where can I spend my money around here?

「どこでお金を使うことができるかしら」とは、かなりしゃれた表現。

I need to pick up a few things. Is there a store nearby?

pick up a few thingsは「ちょっと買い物をしたい」の意。

その近くのショッピングエリアというのはどこにありますか。

免税店はありますか。

✘ Is there a duty-free shop?

こう聞こえる 免税店というものは、この世に存在するのでしょうか。

場所をつけないで聞くと、存在の有無を尋ねる不自然な文に。Sure.（もちろん）、Many.（たくさんあります）などと、言われてしまう可能性あり。

こう言う! Is there a duty-free shop nearby?

nearby（近くに）、within walking distance（歩いて行けるところに）、in town（この街に）など、具体的な場所を入れる。

古着を買いたいのですが、よい店はありますか。

✘ I'd like to buy some secondhand clothes. Is there a good shop nearby?

こう聞こえる 人がいらなくなった服を購入したいのです。近くに善良な店はありますか。

おなじみのbuyは「大量に購入する」「仕入れる」の意味合いが強い。secondhand clothesには、日本で連想する「古着」のようなおしゃれなイメージはなく、いらなくなった服を意味する。また、goodはこの場合「よい」ではなく、「善良な」の意になってしまう。

こう言う! I'd like to get some vintage clothing. Is there a nice shop nearby?

普通に買い物をするならbuyでなく、getがよい。「古着」はvintage clothing。「よい」はniceで表現したい。

ちょっと見ているだけです。

✗ I am looking around.

こう聞こえる きょろきょろ見ているだけです。

look aroundは「見回す」「きょろきょろする」といった意味合い。

こう言う！ I'm just looking, thanks.

買い物時の定番表現。店員にMay I help you ?（いらっしゃいませ）と声をかけられたら、このように答える。thanksまで入れるようにしたい。

Just browsing, thanks.

browseは「店で商品をながめる」。パソコンでいう「ブラウザ」の語源はこれ。

8サイズを探しています。

✗ I'm looking for 8.

こう聞こえる 8個探しています。

この言い方だと、8個買いたいのだと誤解される可能性あり。

こう言う！ I'm looking for a size 8.

きちんとa をつけてa size 8とする。

化粧品売り場はどこですか。
（デパートで尋ねる）

✖ Where can I buy some cosmetics?

🗣 化粧品はどこの店に行けば買えますか。

売り場を聞く表現としては不適切。化粧品を売っているデパートなら、Why don't you get it here?（当デパートでも扱っております）といった答えが返ってきてしまうかも。

🗣! Where are the cosmetics?

デパートなどで売り場を尋ねるのは、Where's 〜?やWhere are 〜?と言う。

手に取ってみていいですか。

✖ Can I take it?

🗣 もらっていってもいい？

高級ブランドショップなどでは、無断で商品に触らず、店員にひと声かけてから手に取るのがマナー。ただし、こんな言い方をしたらいらぬ誤解を招いてしまう。無料サンプルをもらうときならこれでOK。

🗣! Can I pick it up?

Can I hold it?

動詞にpick〜up、またはholdを使う。

ほかの色はありますか。

✕ Do you have another color?

こう聞こえる どれでもいいからほかの色はありますか。

another〜は「どれでもいいからほかの〜」の意。

こう言う! Do you have any other colors?

any other colorsで「なにかほかの色」の意。

Does this come in other colors?

「これはほかの色でも売られていますか」が直訳。come inは「〜の形で売られる」を意味する。

カシミヤのセーターはありますか。

✕ Do you have a Cashmere sweater?

こう聞こえる あなたはカシミヤのセーターをお持ちですか。

店員が客に向かって使いそうな言い方。

こう言う! Do you have any Cashmere sweaters?

Do you have any〜？で「〜はありますか」と店で尋ねるときの聞き方に。aでなく、anyにするのがポイント。sweatersと複数形にするのも忘れずに。

色の種類はここに出ているだけですか。

❌ Are these all the colors you have?

🗣 これしか色はないの？

文末のyou haveが「ここにあるのはこれだけ?」と、相手をけなすニュアンスに。文末にyou＋動詞をつけると、否定的な意味合いを含むことが多い。

たとえば、Is this all the work you did?（これしか仕事をしていないのか）のyou didも同じ効果をもっている。こんな言い方をしたら、店の人にムッとされてしまう。None of your business.（ほっといてよ）なんて言われちゃうかも。

🗣 Are these all the colors?

シンプルにこれでOK。

Are there any other colors?

「ほかの色はありますか」。「〜はありますか」はAre there any〜?を用いる。colorsと複数形にすることも忘れずに。

Do you have this in other colors?

「これでほかの色はありますか」。in other colorsは「ほかの色」。in another colorsとは言わない。

これはフリーサイズですか。

❌ Is this a free size?

🔊こう聞こえる このサイズは無料でもらっていいんですか。

ネイティブはワンサイズの服をfree sizeとは呼ばない。こんなことを言ったら「無料でもらえるサイズ」と言っているのだと誤解されて、No, you have to pay.（まさか、お金はいただきますよ）なんて言われちゃうかも。ただし、アメリカ以外の英語圏なら、これで通じることもある。

🗣こう言う! Is this one-size-fits-all?

one-size-fits-allは「ワンサイズですべてにフィットする」。

別々に包んでいただけますか。

❌ Could you wrap these one-by-one?

🔊こう聞こえる ひとつひとつ順番に包んでいただけますか。

one-by-oneは「ひとつひとつ」「順番に」の意。これだと店員の包み方に不満があるように聞こえる。

🗣こう言う! Could you wrap these separately?

人になにかを頼むときの定番表現、Could you〜？を使う。「別々に」はseparatelyでOK。

この香水の試供品はありますか。

✗ Do you have a sample for this perfume?

🔊 香水のための試供品はありますか。

Do you have a sample for〜？は「〜」に「人」がくるのが普通。たとえば、Do you have a sample for him?（彼にあげられる試供品はありますか）といった具合。

✓ Do you have a sample of this perfume?

forでなくofを用いれば「この香水の試供品」となる。前置詞が命。

試着させてください。

✗ Can I put this on?

🔊 これ、着ちゃっていい？

このように言われた店員は、商品を盗まれるのではないかと心配するかもしれない。友人同士の服の貸し借りで使いそうな言い方。

✓ Can I try this on?

試着の決まり文句はtry〜on。アメリカなどでは、たいていの商品を試着することができる。ぜひ覚えおきたい表現のひとつだ。

Where's the fitting room?

「試着室はどこですか」。このように尋ねてもよい。

サイズが合いません。

✘ It doesn't fit me.

こう聞こえる 私には似合わないわ。

doesn't fit meはサイズでなく、その服が似合う、似合わないといった意味を表す。

こう言う! It's too big[small / long / short].

「大きすぎます」「小さすぎます」「長すぎます」「短すぎます」と、具体的に伝えるのがポイント。ちなみにサイズがぴったりのときはIt fits me.でよい。

このスカートのサイズはいくつですか。

✘ What is the size of this skirt?

こう聞こえる このスカートの広さはどのくらい？

What is the size of〜? は「〜の広さはどのくらいですか」を意味する。たとえば、What's the size of this house?(この家の広さは？)、What's the size of this land?(この土地の広さは？)といった具合。

こう言う! What size is this skirt?

What size is〜? で「〜のサイズはいくつですか(何号ですか)」の意になる。洋服のサイズを尋ねるときには、迷わずこの言い方で。

ほかの服を着てみてもいいですか。

✖ May I try another clothes, please?

こう聞こえる 別の衣類全体を試してもいいよね？

May I～, please？は、子どもが母親に頼んでいるようなニュアンス。clothesは「衣類」を集合的に指すので、このような状況では使わない。

こう言う！ Can I try on something else?

Can I～？を使うのがごく自然。また、something elseと言えば、ほかの服を着てもいいかどうかを尋ねていることになる。

少し考えさせてください。

✖ Please give me time.

こう聞こえる じっくり考えます。

深刻な悩みを抱え、その場で結論が出せないときにこのような言い方をする。通常のショッピングには適さないが、宝石やマイホームなど、高価なものを購入するときにはぴったり。

こう言う！ I'm not quite ready.

日常のショッピングシーンでの決まり文句。店員からHave you found what you're looking for?（お決まりですか）と声をかけられたら、このように答える。

サイズを計ってください。

✗ Could you measure my size?

こう聞こえる 私の寸法のサイズを計ってください。

重複した表現。measureには「サイズを計る、寸法をとる」という意味があるため、measure my sizeというと「私の寸法のサイズを計る」という屋上屋を架す言い方になってしまう。

こう言う! Could you measure me?

Could you take my measurements?

サイズを計ってもらうときはmeasure meまたは、take my measurementsと言えばよい。

日本円で支払えますか。

✗ Can I pay in Japanese yen?

こう聞こえる 他国の円ではなく日本の円で支払えますか。

米ドル、香港ドル、オーストラリアドルなど、数種類あるドルとは違い、円は日本円しかないため、わざわざJapaneseをつける必要はない。

こう言う! Can I pay in yen?

免税店など、円が使えそうなときにはこの決まり文句がぴったり。

高すぎて買えません。

✖ I can't buy this.

🎧こう聞こえる 私はこれを買う能力がありません。

金額がどうこうというより、自分には買う資格がないと言っているように聞こえる。Why not?(あら、どうして?)などと言われる可能性あり。

🗣こう言う! I can't afford it.

affordは「(〜を買う)余裕がある」の意。これを否定文にすると「高すぎて手が出ないわ」といったニュアンスがよく出る。

またにします。

✖ I'll try another time.

🎧こう聞こえる 入荷されたら来てみます。

この言い方は、欲しかった商品が売切れてしまっていたときなどにぴったり。おそらく店員も、I'm so sorry.(本当に申し訳ございません)と謝ってくるはず。

🗣こう言う! I'll come back another day.

「また来ます」「またにします」といったニュアンス。このようにひと声かけると、店員もHave a nice day!(よい1日を!)などと返してくれて、気持ちよく店を出られる。

プレゼント用に包んでもらえますか。

✘ Can you wrap it as a gift?

こう聞こえる プレゼント用に贈りもの用の包装をしてください。

wrapに「包装する」の意があるため、wrap 〜 as a giftと言うと重複した意味になってしまう。日本語でも「包装してください」「包んでください」と言えば、贈りもの用だとわかってもらえる。英語でも同じこと。

こう言う！ Could you wrap it, please?

「プレゼント用に包んでもらう」は動詞のwrapだけでOK。

別のものと取り替えていただけますか。

✘ Could you change this for a different one?

こう聞こえる これを別のものに作り変えてもらえますか。

changeは「別のものに変化させる」の意。品物の交換をして欲しいときの言い方としては不適切。How could I?（できるわけないでしょう）なんて言われちゃうかも。

こう言う！ Could I exchange this?

「交換する」「取り替える」はexchange。ここでは、相手に交換する許可を求めているわけではなく、自分にはそうする権利があるかどうかを聞いているので、主語はI（私）になる。

全部でいくらですか。

✘ How much are all these together?

こう聞こえる これらを全部いっしょにまとめたとしたらいくら?

くどい言い方。レジに複数の商品を持っていけば、合計した金額を告げられるのがあたりまえ。「この人、本当に全部買う気があるのかしら」と勘ぐられるかも。

こう言う! What's the total?

「合計は?」「全部でいくら?」の決まり文句。覚えておこう。

計算が違っていませんか。

✘ Isn't there a mistake in this bill?

こう聞こえる この勘定は何かが間違っていませんか。

in this billは「この勘定書のどこかに」の意。したがって「何が間違っているのかはわからないが、この勘定書はどこかが間違っているのでは?」といったあいまいなニュアンスになる。

こう言う! I think there might be a mistake.

「計算が間違っているようですが」のニュアンス。相手を責めることなく、さりげなく指摘している。

これは日本に持ち帰れますか。

❌ Can this be brought into Japan?

🔊こう聞こえる これは日本に持ってくることができますか。

bringは「こっちに持ってくる」の意で日本国内で使う表現。たとえば、インターネットで海外から商品を購入したいが、その商品の輸入が許可されているのかわからないようなときは、こちらの言い方でOK。

🗣こう言う! Can I take this to Japan?

takeは「あっちに持っていく」。海外にいるときに「日本に持って帰れるのか」「日本に持ち込めるのか」と尋ねるならこの言い方。

ここが壊れています。

❌ This is broken.

🔊こう聞こえる これ、まったく壊れちゃってるわよ。

部分的に壊れているというより、使いものにならないほど壊れてしまっているように聞こえる。店の商品に難くせをつけているように聞こえてしまう。

🗣こう言う! It's broken here.

「この部分が壊れています」と壊れている部分を指差して言う。

ルームナンバー1015につないでください。

✖ Room No.1015, please.

こう聞こえる 部屋番号1015をよろしく。

通じるけれど、ふつうネイティブは使わない。Room No.1015も不自然。これを言うならRoom 1015の方がよい。

こう言う! Could you connect me to room 1015?

Could you~?を使うと自然な言い回しになる。connectは「つなぐ」の意。1015はten fifteenまたはone-o-one-fiveと読む。

すみませんが、よく聞こえません。

✖ I can't hear.

こう聞こえる 私は耳が聴こえません。

I can't hear.は「耳が聴こえない」の意になる恐れがある。

こう言う! I'm afraid I couldn't hear you.

最後にyouをつけるのが重要。youとは「あなたが言っていること」を表す。また、文頭にI'm afraid~(~が残念です)を持ってくると、柔らかな響きになる。

I'm having trouble hearing you.

I'm having trouble~で「~するのに苦労している」の意に。

もう少しゆっくり話していただけますか。

✘ Could you speak slower, please?

こう聞こえる しゃべるのが早すぎるわ。もっと聞き取れるように話してください。

自分のリスニング力ではなく、相手の話し方に非があるように聞こえる。ただし、相手が異常なほどの早口ならこの言い方でOK。

こう言おう！ Could you speak a little bit slower for me, please?

for meをつけるだけで、自分のほうに非があることが表現され、柔らかい響きになる。a little bitは、「もう少し」の意。

どちらさまですか

✘ Who are you?

こう聞こえる お前はだれだ？

相手に失礼に当たるので、普通は使わない。いたずら電話の応対にはぴったり。

こう言おう！ Who's calling?

ビジネスシーンでもよく使われる。カジュアルすぎることもなく、ちょうどいい言い方。決まり文句として覚えておきたい。

May I ask who's calling?

少し改まって聞くならこの言い方。

番号が間違っていますよ。

✖ Your number is wrong.

こう聞こえる お前の番号、間違えているぞ！

間違った番号を教えた相手に向かって文句を言ってるように聞こえる。

こう言う! I think you have the wrong number.

I thinkをつけるだけで、柔らかな響きになる。「おかけ間違いだと思いますが」といったニュアンス。

You may have the wrong number.

「間違いだと思いますよ」。この場合のmayは「〜かもしれない」と可能性を述べるときの推量を表す。

ごめんなさい、間違えました。

✖ I'm sorry, I made a mistake.

こう聞こえる ごめんなさい、失敗しました。

言っていることは通じるが、ネイティブは使わない。

こう言う! I'm sorry, I have the wrong number.

haveは「持っている」の意。直訳すると「私は間違った番号を持っている」。転じて「番号を間違えました」の意味に。

日本語が話せる人と代わってください。

✕ I want to talk to someone who speaks Japanese.

こう聞こえる 日本語が話せる人に代わってよ！

クレーム時に使う言い方。なにか文句があり、英語では話にならないので「（あなたじゃ話にならないから）さっさと、日本語を話せる人に代わってよ！」と声高に言い放つニュアンス。

こう言う！ Is it possible to talk to someone who speaks Japanese?

want to〜でなく、Is it possible to〜？を使えば、婉曲的な言い回しになる。

Is there anyone there who speaks Japanese?

「そこに日本語ができる人はいますか」という表現。

日本語が話せる人に代わってよ！

どうも、こんにちは。
（初対面の人に話しかけるとき）

✗ Nice to meet you. May I speak with you?

こう聞こえる はじめまして。折り入って話したいことがあるのですが。

May I speak with you?では、なにやら重大な話があるように聞こえてしまう。この表現からは、楽しい会話をしようというニュアンスはまったく伝わらない。

こう言う！ Hi, how are you doing?

アメリカなどでは、初対面の人とも気軽にあいさつを交わすのが普通。そこから自然に会話へと発展するため、改まって「お話していいですか」と尋ねるのは不自然。天気や服装の話などで会話のきっかけを作るようにしたい。

東京から来ました。ひとり旅です。

✗ I'm from Tokyo, Japan. I am traveling alone.

こう聞こえる 東京から来ました。ひとりなの。

相手がナンパのつもりで話しかけてきた場合、了解の意にとられてしまう恐れあり。

こう言う！ I'm from Tokyo, Japan.

「東京から来ました」。トラブルを避けるためにも、あえてひとり旅ということは告げない方がよい。

いいお天気ですね。

✘ We have good weather today.

こう聞こえる 今日は大変いいお天気になっています。

お天気お姉さんが天気予報で使いそうなフレーズ。見知らぬ人に話しかけるひとこととしては不自然。

こう言う! It's nice outside today.

天気や気候はitを主語にする。「今日はいい陽気ですね」「いいお天気ですね」といったニュアンス。

素敵な洋服ですね。

✘ I like your clothes.

こう聞こえる いつもいつもステキな服装をしていますね。

その日の服装に限らず、その人のいつもの服装について語っているように聞こえる。頻繁に会う人に対して使うならいいが、初対面の相手に対しては不自然な言い方。But we just met.（初めて会ったのよ）なんて言われてしまうかも。

こう言う! I like your outfit.

outfitは「服のコーディネート」「服一式」の意。「おしゃれですね」といった感じが伝わる。

おひとりでいらしたのですか。

✗ Are you here by yourself?

こう聞こえる 君、ひとりできたの？

ナンパで使われるフレーズ。そのつもりで言うならかまわないが、その気がないなら避けた方がよい。

こう言う! Are you with your family?

Are you with a group?

変な誤解を招かないためにも、基本的には初対面の人にこういった質問はしないほうがいい。もし尋ねるのであれば、「ご家族といらっしゃったのですか」「グループ旅行ですか」など、複数で来たことを前提に聞くようにする。

名前を教えていただけますか。

✗ May I have your name, please?

こう聞こえる 貴殿の名は？

どちらかというとお役所風の言い方。日常会話には不向き。

こう言う! I'm sorry, you're . . . ?

「すみませんが、そちら様は……？」のニュアンス。

私は会社員です。

✘ I'm an office worker.

こう聞こえる ただの会社員です。

アメリカなどでは職業を聞かれたときに「会社員です」などといったあいまいな答え方はしない。

こう言う! I'm an accountant.

I work for an insurance company.

「会計士をしています」「保険会社で働いています」など、具体的な職種を言う。

東京の銀行で働いています。

✘ I work for the bank in Tokyo.

こう聞こえる 東京で唯一の銀行で働いています。

bankに冠詞のtheがつくと、東京には銀行がひとつしかないように聞こえてしまう。It must be a big bank.(そうとう大きな銀行なのね)なんて言われちゃうかも。

こう言う! I work for a bank in Tokyo.

冠詞をaにするのがポイント。an insurance company(保険会社)やa securities company(証券会社)なども同様。

大学生です。

✖ I'm a university student.

こう聞こえる ユニバーシティ大学の大学生です。

「university＝大学名」だと思われてしまう。University of California などといった、具体的な大学名を言う場合以外は、大学はすべて collegeでOK。

こう言う! I'm a college student.

より具体的に言うならI'm studying history at college.（大学で歴史を勉強してます）となる。

あなたの趣味は？

✖ What are your hobbies?

こう聞こえる 今、凝っているものはなんですか。

hobbyは「凝っていること」や「時間や金を惜しみなくつぎ込めるような個人的な楽しみごと」を指すことが多く、日本語の「趣味」とは少しニュアンスが異なる。

こう言う! What do you do in your free time?

趣味を尋ねるならこの言い方。答えはより具体的に、I enjoy fishing.（釣りを楽しんでます）、I play tennis.（テニスをよく楽しみます）などと言う。free timeをspare timeと言ってもよい。

日本の伝統的なスポーツには相撲や柔道などがあります。

✗ Japanese traditional sports are sumo wrestling and judo.

こう聞こえる 日本の伝統スポーツは相撲と柔道だけです。

この言い方だと、日本には相撲と柔道しか伝統的なスポーツがないように聞こえる。剣道や空手、合気道など、ほかにも優れた伝統スポーツはあるのだから、できればそういったニュアンスも出したい。

こう言う！ Japanese traditional sports include sumo and judo.

include（〜を含む）を使えば、相撲と柔道に限定されずほかにもなにかあることをうかがわせる。

Sumo and judo are big-time Japanese sports.

big-timeは「極めて、とても」の意。「相撲や柔道はとても日本的なスポーツです」となる。

日本には四季があります。

✗ We have four seasons in Japan.

こう聞こえる なんと、日本には四季というものがあるんですよ！

季節ごとの気温差にこそ違いはあるが、基本的に四季はたいていの国にある。よって、このような言い方をすると、四季が日本独自のものだと言っているように聞こえ、あまり感じがよくない。

こう言う! We have four distinct seasons in Japan.

distinct（はっきりした）を使うのがポイント。これで「日本では四季の区別がはっきりしています」となる。

In Japan, the temperature changes a lot depending on the season.

「日本では、季節によって気温差がとてもあります」。このように言ってもよい。

折り紙を教えましょうか。

✗ Shall I teach you how to make origami?

こう聞こえる 折り紙を教えてあげてもよろしくてよ。

Shall I～?は、大げさな表現なので、アメリカのネイティブが使うことはほとんどない。きどっていて、偉そうに聞こえる可能性がある。英国の貴族が使いそうな言い方。

こう言う! Would you like to know how to make origami?

Would you like to know how to～?で、「～の仕方を教えましょうか」といった意味になる。

Let me show you how to make some origami.

「折り紙の折り方をお見せしましょう」という意味。

素敵なお部屋ですね。

✘ What a wonderful room it is!

こう聞こえる なんて素晴らしいお部屋でございましょう。

主に年配の女性が口にする言葉。歌の歌詞のようにも聞こえるこんな古めかしい表現を、男性や若い年代の人が使うことはまずない。

こう言う! What a nice room!

文末のit isが大げさなニュアンスを生みだすもと。「素敵な」もwonderfulでなく、niceを用いるのが自然。

これをどうぞ。
(プレゼントを渡す)

✘ This is for you.

こう聞こえる はい、これはあなたの分よ。

たくさんあるなにかをひとりずつ配っているような感じに聞こえる。たとえば、義理チョコがたくさん入った袋を片手に、「はい、これはあなたの分、こっちはあなたので、これは……」といった具合。

こう言う! I got this for you.

「あなたのために持ってきました」が直訳。I hope you like it.（気に入ってもらえるとうれしいな）と続ければ、より気持ちが伝わる。

この果物は初めて見ました。なんという名前ですか。

✗ I've never seen this fruit. What is its name?

こう聞こえる この果物は初めて見ました。お名前は？

What is ～ name?は、人やペットなどの名前を尋ねるときの言い回し。What is his name?（彼の名前は？）やWhat is your dog's name?（あなたの犬の名前は？）といった具合に使う。しかし、果物など、食べ物の名称を聞くときには使わない。

こう言う! I've never seen this fruit. What do you call it?

What do you call it?は「それをなんと呼ぶのですか」が直訳だが、物の名前を尋ねるときの決まり文句。

ラムは苦手です。

✗ I don't like lamb.

こう聞こえる ラムは嫌いだって言ってるでしょう。

子どもが「ぼくは～が嫌いなんだ」と、すねているような感じ。夕食に招かれたときなどにこんなことを言ったら、間違いなくムッとされる。もう少し遠まわしな言い方をするのが大人のマナーというもの。

こう言う! I'm not much of a lamb eater.

I'm not much of a ～ eater. で「私は～はあまり食べないんです」の意。このような言い方をすれば、相手は傷つかない。

おなかがいっぱいです。
（おかわりをすすめられて）

✘ I've had enough.

こう聞こえる もういらないよ。

この言い方では「もうおなか一杯、おいしかった」「おなか一杯です、ごちそうさま」といった感謝の気持ちは伝わらない。単に「もういらない」と冷たく言い放つようなニュアンスになってしまう。もう少し気の利いた断り方を覚えよう。

こう言う! I'd love to, but I'm full.

「食べたいのですが、もうおなかいっぱいです」。最初に「食べたい」という気持ちを伝えるのが大切。

That sure was delicious, but I couldn't take another bite.

「とってもおいしいのですが、もう一口も入りません」。biteは「一口分の食物」。

紅茶をお願いします。
（コーヒーと紅茶のどちらがいいかと聞かれて）

✘ Tea, please.

こう聞こえる 紅茶でいいよ。

感謝の気持ちがあまりこもっていない。~, pleaseという言い回しは、日本人が思っているほど丁寧なニュアンスではないことを覚えておこう。

こう言う! Tea would be nice.

「紅茶がいいです」「紅茶をいただけるとうれしいです」といったニュアンス。頻繁に使う表現なので覚えておきたい。

I'll take tea.

こちらも、食べ物や飲み物を頼むときの定番表現。

I think I'll have some tea.

「紅茶をいただこうかな」といったニュアンス。文頭にI thinkを持ってくると柔らかな響きになる。

お寿司を食べたことがありますか。

✗ Have you ever eaten the sushi?

こう聞こえる その寿司を食べた経験はありますか。

the sushiと言うと、実際に目の前にある寿司や、なにか特定の寿司について語っているように聞こえる。なににでもtheをつけてしまうのは考えもの。theのあるなしで、ニュアンスががらりと変わってしまうこともあるので気をつけよう。

こう言う! Have you ever tried sushi?

冠詞はつけず、sushiだけでOK。動詞はeatのほか、tryやhaveでも。

日本にいらしたときは連絡してください。

✗ Please contact me if you will come to Japan.

こう聞こえる わざわざ日本に来てくれるのなら、連絡してください。

if you will come to Japan はif you will kindly come to Japanを短くした形。これでは、ネイティブには、相手のためにわざわざ日本まで行くような感じに聞こえてしまう。

こう言う! Please contact me if you come to Japan.

ifのあとは、現在形にするのがポイント。

Make sure to tell me if you ever come to Japan.

Make sure to〜は「必ず〜してください」の意。

Chapter 2

ビジネス英会話、成功編

- ●よく使うひと言(社外)
- ●よく使うひと言(社内)
- ●初対面のあいさつ
- ●電話(かけるとき)
- ●電話(かかってきたとき)
- ●アポイント
- ●相手先を訪問
- ●訪問してきた客へ対応
- ●会議(社外)
- ●会議(社内)
- ●注文
- ●クレーム

よく使うひと言(社外)

申し訳ございません。

✕ I'm sorry.

こう聞こえる ごめんなちゃい。

I'm sorry.はビジネスシーンで使うには少々幼稚に聞こえてしまうことがある。なるべく避けるべき。

こう言う！ I'm sorry for 〜.

「〜をして申し訳ありませんでした」と理由についても言及すること。例えば、I'm sorry for the delay.(遅れてしまって申し訳ございません)といった具合。

(恐縮して)
いえいえ、とんでもないです。

✕ No, that's not true.

こう聞こえる もう1回ほめてよ。

このように否定してしまうと、相手はまた「いえいえ、本当にすばらしいですよ」などと言わなければならず、また同じことの繰り返しになってしまう。したがって、欧米諸国では、おほめの言葉は素直に受け入れて感謝するのが普通。

こう言う！ Thank you for the compliment.

「おほめいただきありがとうございます」。ほめられたときには素直に喜ぶ。これぞネイティブ流。

よく使うひと言(社外)

ありがとうございます。

✖ Thank you very much.

こう聞こえる ど〜もありがと!

これだけだと、ビジネスシーンで使うには不十分。

こう言う! Thank you for 〜.

具体的に何について感謝しているのかを伝えること。例えば、Thank you for all your help.(お力添えありがとうございました)、Thank you for your time.(お時間をありがとうございました)といった具合。

お礼の言葉もございません。

✖ I don't know how can I thank you.

こう聞こえる 私は知らない。どうお礼をするの?

これでは、I don't know.と How can I thank you?の2つのセンテンスを続けて言っているようにしか聞こえない。

こう言う! I don't know how I can ever thank you.

how I canの順序にする。「なんとお礼を申し上げたらいいか」「お礼の言葉もございません」といったニュアンスに。

喜んで〜させてもらいます。

✗ I'm willing to do that.

こう聞こえる 条件によってはやってもいいですけど。

be willing to〜.を「喜んで〜する」と覚えた人が多いはず。でもこれ、実際には「(条件によっては) 喜んで〜する」という含みを持たせて使う言い回し。あまり感じのよい言葉使いとは言えない。

こう言う! I'd be happy to do it.

I'd be happy toという言い回しを使えば、余計な含みはなくなる。とても気持ちよく引き受ける感じがして◎。さらに、thatをitにすると好印象。

最近いかがですか。

✗ How are you recently?

こう聞こえる 今は元気ですか、最近？

How are you〜?は現在のことを尋ねる言い回し。しかし、recentlyは過去のことを話すときに使う単語なので、この2つをつなげてしまうと、相手はいつのことが聞きたいのか迷ってしまう。

こう言う! How have you been?

ビジネスでも、このあいさつ表現で問題なし。

ご理解いただきありがとうございます。

✗ Thank you for your patient.

こう聞こえる 患者をありがとう。

patientは「患者」。patientとpatienceを混同してしまっている人が意外と多い。

こう言う！ Thank you for your patience.

「忍耐」「辛抱」はpatience。これで「ご理解を感謝します」のニュアンスになる。

ご迷惑でなければいいのですが。

✗ I wish it's not too much trouble.

こう聞こえる 迷惑にならなきゃいいけどね……。

I wish～は、実現が不可能なことがらについて使うのが普通。例えば、I wish I could fly.（空を飛べたらなぁ）、I wish I had gone to the party.（パーティに行っておけばよかったな）といった具合。これでは迷惑をかける気まんまんに聞こえて、相手に失礼。

こう言う！ I hope it's not too much trouble.

十分に実現が可能なことがらについてはhopeを使う。例えば、I hope you can come to the party.（パーティに来てくれたらうれしいです）。

よく使うひと言（社外）

ご期待には添えません。

✘ I'm sorry to disappoint you.

こう聞こえる がっかりさせて悪かったわね。

ビジネスに適した言い方とは言えない。これでは皮肉にとられてしまうかも。

こう言う！ I'm sorry I couldn't do more to help.

こちらのほうがよりポジティブでおすすめ。

ちょっとお答えしかねますが。

✘ I don't know.

こう聞こえる 知るか。

「知るか」「さあね」と突き放しているみたい。ビジネスの場にはそぐわない。

こう言う！ I'm not sure.

「さあ、どうでしょうか」「ちょっとお答えしかねますが」といったニュアンス。はっきりとものを言うのはいいことだが、時と場合によっては、これくらいあいまいな言い方が望ましい。日本語でも、上司やお客さま相手のときにはこんな言い方をするはず。

興味深いですね。

✗ I'm very interesting.

こう聞こえる 私はおもしろい人です。

形容詞のinterestingの使い方が間違い。これでは「自分がおもしろい」という意味になってしまう。

こう言う！ I'm very interested.

この場合は受動態で伝える。これで「とても興味を持ちました」「とても興味深いですね」という意味になる。

興味ございません。

✗ I am not interested.

こう聞こえる まるで興味なし！

I amと短縮せずに話すと、興味がないということを強調して話しているような口ぶりになる。

こう言う！ I'm not interested.

会話ではI'mと短縮して話すのが普通。こうするだけで、ガラリと印象が変わる。これで強調しているようには聞こえない。

I'm sorry, but this isn't for me.

This isn't for me.でも「興味ありません」という意味になる。

随時連絡を入れてください。

✘ Please inform on me.

こう聞こえる 私のことをチクってください。

inform on〜は「〜のことをチクる」「〜のことを告げ口する」という意味。例えば、I'm in jail because my best friend informed on me.（親友にチクられて、刑務所入りさ）と使う。

こう言う! Please keep me informed.

keep someone informedという言い回しを覚えておこう。

明日、ご連絡いたします。

✘ I'll contact with you tomorrow.

こう聞こえる 明日、あなたと体の接触をします。

確かにcontact withは「連絡をとる」という意味で、I made contact with him.（彼と連絡がとれた）などと使うが、ネイティブがI'll contact with〜.という言い回しをすることはない。これでは肉体的なcontact（接触）のことを言っているように聞こえる。

こう言う! I'll contact you tomorrow.

withをとればOK。

よく使うひと言(社外)

なんと説明したらいいか。

✗ It's hard to tell you this.

こう聞こえる 聞かぬが花ですよ。

「聞きたくない話だと思いますよ」という意味。これは本人を目の前にして、何か言いづらいことがあるときの言い方。

こう言う! It's hard to explain.

explain（説明する）という単語を使うとすっきりと伝えられる。hard to～は「～するのが難しい」という意味。

おっしゃることはよく分かります。

✗ I understand what you say.

こう聞こえる あなたの言葉はいつもよく分かる。

これだと言葉の理解度の問題になってしまう。

こう言う! I understand what you're saying.

what you're sayingと進行形にすれば、「分かりますよ」と理解を示すときの言い方になる。

I see.

実は、これでもニュアンスはほとんど変わらない。

139

よく使うひと言（社外）

本日の営業は終了いたしました。

✗ We're closed.

こう聞こえる もう終わったよ！

ビジネスで使うにはいまひとつ。ネイティブなら、これにもうひと言加えるはず。

こう言う！ I'm afraid we're closed.

文頭にI'm afraidを付ける。申し訳なさそうに話す感じが出せて◎。I'm sorry, but we're closed.もおすすめ。

のちほどお返事いたします。

✗ I'll answer that later.

こう聞こえる 返事は後でするからさ！

日常会話ならOKだが、ビジネスで使うには少々ぶっきらぼうに聞こえてしまうのでバツ。

こう言う！ Would you mind if I answered that later?

文にifを使うと、センテンス全体がやわらかい響きを持つようになる。Is it okay if I answer that later?と言っても同じニュアンスに。Could I answer that later?でもOK。

一番忙しい時期ですので。

❌ It's the most high season.

こう聞こえる 今はもっとも神聖な季節なのです。

日本語の「ハイシーズン」は立派なカタカナ語。most highは宗教的な意味合いで使われることが多い語で、「聖なる」「もっとも神聖な」といった意味。

こう言う! It's the busiest season of the year.

そのまま直訳してthe busiest seasonとすればOK。

会社がピンチでして。

❌ My company is very dangerous.

こう聞こえる うちの会社は乱暴者が多くてね。

dangerousでは、経営状況がどうこうではなく、「怖くてキケン」ということになってしまう。いったいどういう会社なのか……。

こう言う! My company is in trouble.

be in trouble（トラブル状態で、ピンチで）という言い回しがもっとも自然。

My company is in the red.

単純に「赤字だ」と言うならこれ。

よく使うひと言(社外)

来月、事務所を移転します。

✗ We will move our office next month.

こう聞こえる　来月、事務所を運んで移動します。

move our officeと言ってしまうと、「事務所をそっくりそのまま運んで移動する」というとんでもない意味になってしまう。

こう言う！　We'll move to a new office next month.

move to〜で「〜に移転する」の意に。

当社の株が8月に上がりました。

✗ Our stock rose up in August.

こう聞こえる　8月に株が立ち上がってケンカした！

rise upは「奮起して立ち上がる」という意味で、rise up in arms（武器を持って立ち上がる）などと使うのが普通。「株などが上がる」という意味では使わないので注意して。

こう言う！　Our stock value rose in August.

upをとればOK。roseは、increasedやclimbedで言いかえても可。

会社員です。

✖ I'm an office worker.

こう聞こえる 某社で働く、ただのサラリーマンです。

日本では「会社員です」という答え方をよくするが、英語では、このようなあいまいな答え方をすることはまずない。

こう言う！ I'm an accountant at a consulting company.

「コンサルティング会社で経理をしています」。このように具体的に職種を伝えるのがネイティブ流。

すぐに済みますから。

✖ It takes a little time.

こう聞こえる これはちょっと時間がかかりますよ。

take a little timeは「ちょっと時間がかかる」の意。相手に対してネガティブに聞こえる。

こう言う！ It takes little time.

aをなくしてtake little timeとする。これで「ほとんど時間がかからない」の意に。

It takes almost no time.

「ほとんど時間はかかりません」。こう伝えてもOK。

よく使うひと言（社内）

お先に失礼します。

✘ I'm leaving. Good-bye.

こう聞こえる　もう帰る。あばよ。

怒っているのかと思われてしまいそう。

こう言う！　See you tomorrow.

もちろん直訳は「また明日会いましょう」ですが、会社で帰りがけに掛けるひと言としてぴったり。英語には「お先に失礼します」に相当する言い回しはない。Have a nice evening.と言ってもOK。

Have a nice weekend.

直訳は「よい週末を」。金曜日ならこれがぴったり。

ちょっと出かけてきます。

✘ I'm leaving.

こう聞こえる　帰るからな。

職場で使うにはつっけんどん。大人げないのでバツ。

こう言う！　I'll be back.

英語には日本語の「行ってきます」のような決まった言い方は存在しないため、状況に応じて、その場に一番合った言い方をするのが普通。また戻ってくるつもりならこう言うのがごく自然。

144

お昼に行ってきます。

✗ I'm going to eat lunch.

こう聞こえる 昼を黙々と食べてきます。

本来ならgo to lunchやhave lunchと言うところをあえてeat lunchなどと言うと、eatの部分ばかりが強調されて聞こえてしまい、ネイティブの耳にはとても不自然に聞こえる。

こう言う！ I'm going to lunch.

go to lunchだけでも「昼を食べに行く」という意味になる。もしくは、I'm going to have lunch.と言ってもOK。

メモリーカードを借りてもいいですか。

✗ Do you have a memory card?

こう聞こえる メモリーカードある？

ややカジュアルすぎる。部下や同僚が相手ならこれでもOK。

こう言う！ Could I borrow a memory card from you?

Could I borrow~?（~をお借りできますか？）という言い回しを使えば、丁寧に尋ねることができる。

Do you have a memory card I could borrow?

後にI could borrowと付ければ、一転して丁寧な言い方に。

よく使うひと言（社内）

それは確かですか。

✘ Are you sure?

こう聞こえる それ、違うんじゃないの？

言い方にもよるが、特にsureを強めに言ってしまうと相手のことをまるで信頼していないかのような口ぶりになってしまう。

こう言う！ Are you certain?

ビジネスで使うなら、「確信している」という意味のcertainを使った言い回しが自然。こう尋ねれば余計な含みはなくなる。

それは本当なのですか。

✘ Really?

こう聞こえる うっそ〜。

幼稚に聞こえるのでバツ。いい年をした大人は、普通こうは言わない表現。

こう言う！ Is that right?

知的に聞こえる確認表現がこれ。ビジネスシーンでは、こういったとっさのひと言もできるだけ気を使いたい。

今日は社外で研修です。

✗ I have out-house training today.

こう聞こえる 今日は便所訓練がある。

in-house trainingが「社内の勉強会」だからといって、そのままout-houseとしてしまわないように。なんと、out-houseは「便所」のこと。「便所訓練」ってペットじゃないんだから。

こう言う！ I have off-site training today.

「社外研修」はoff-site trainingと言う。

今日は会社を休みます。

✗ I am having an off day.

こう聞こえる 今日は最悪の日だ。

これはI am having a bad day.と同じ意味の表現。

こう言う！ I'm going to take today off.

これで「今日は会社を休みます」の意に。また、I'm going to take a day off today.やI take today off. などと言っても同じ意味。

I'm skipping work today.

こちらはさぼったときの言い方。

どうしてでしょう？

✘ Why?

こう聞こえる なんで？
普段の会話ならなんの問題もないが、職場で使うにはそぐわない。

こう言う！ Could you tell me the reason?
職場や取引先で使うなら、これくらい丁寧な聞き方をすべき。

I'm not clear on the reason.
「理由がよくわからないのですが」。こちらもビジネスライクでおすすめ。

すみませんでした。

✘ Sorry.

こう聞こえる 悪い。
ビジネスの場ではできるだけ完全文（主語、動詞を含む文）を使うこと。より誠実。

こう言う！ I'm really sorry.
完全文はこれ。Thanks.も同じことで、ビジネスではThank you ever so much for your help.などがベター。

I feel terrible about what happened.

これも謝罪の言葉としてネイティブがよく使う言い回し。「大変申し訳なく思っております」。

6時に出発しなければなりません。

✗ We are necessary to leave at 6:00.

こう聞こえる 6時に出発するためには我々の力が必要なのだ。

We are necessary to~.は「~するためには我々（の力）が必要だ」という意味。いったいどんな力を発揮してくれるというのか……。

こう言う！ We need to leave at 6:00.

シンプルにこれでOK。英語としても自然。

昨日、パソコンが壊れてしまいまして。

✗ My computer was broken yesterday.

こう聞こえる 昨日はパソコンが壊れていたけど、今日はもう大丈夫よ。

これでは、壊れていたのは過去のこと、ということになってしまう。

こう言う！ My computer stopped working yesterday.

今も壊れたままならstopped workingとすれば正しく伝わる。

よく使うひと言（社内）

よく使うひと言（社内）

コピー機に紙が足りません。

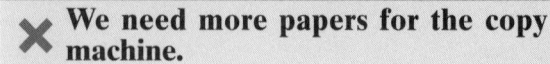

✕ We need more papers for the copy machine.

こう聞こえる コピー機に新聞が足りません。

paperを複数形にしてpapers とした場合、意味は「新聞」または「論文」の意味になってしまう。

こう言う！ We need more paper for the copy machine.

「紙」は何枚でも単数のままでOK。paperは可算名詞と不可算名詞で意味が変わるのだということを覚えておこう。

福利厚生について教えてください。

✕ Could you tell me about your company's welfare policy?

こう聞こえる 会社の貧弱者に対する施策をお聞かせください。

「福利厚生」をwelfare policyだと思っている人が意外と多い。普通、welfareといえば「福祉事業」のことで、国レベルで行うものを指す。

こう言う！ Could you tell me about your company's benefits?

会社単位ならbenefitsを使うのが普通。

はじめまして。山田太郎といいます。

✘ To begin with, I'm Taro Yamada.

こう聞こえる まずは名前から…、山田太郎と申すなり。

なんだかスピーチでも始めようとしているみたいに聞こえて不自然。普段の自己紹介はもっとさりげなくスマートに。

こう言う！ Hi, I'm Taro, Taro Yamada.

これでビジネスの場でも問題なし。もちろん、Hello. I'm Taro Yamada.でもOK。

ABC社の伊藤と申します。

✘ Hello. This is Ito of ABC.

こう聞こえる ABC社の「イトー」だよ。

ファーストネーム（名前）が「イトー」だと思われて、How can I help you, Ito?（イトー、ご用件は？）なんていきなり呼び捨てにされる恐れ大。

こう言う！ Hello. This is Hiroshi, Hiroshi Ito of ABC.

ファーストネームを繰り返す。これで名字が伊藤だということが正確に伝わる。

私は営業部の佐藤と申します。

✗ I'm Sato. I belong to the sales department.

こう聞こえる 私、佐藤は営業部の所有物です。

belong to～などと言ってしまうと、それが物か何かのように聞こえてしまう。人については使わないので注意。

こう言う！ I'm Sato. I work in the sales department.

シンプルにこれでOK。I work in～.と伝えるのがごく自然。

妻がおりまして。

✗ I have one wife.

こう聞こえる まだ1人目の女房しかいないよ。

妻は1人に決まっているのだから、いちいちone～などと言う必要なし。あえてこう言うと、そこが強調されて「1人目の妻」のニュアンスになってしまう。もちろん、一夫多妻制の国ならこれでも問題ないのだが……。

こう言う！ I'm married.

こう伝えるのがごく自然。

初対面のあいさつ

ロバート・スミスを紹介します。

✖ This man is Robert Smith.

こう聞こえる そうさ、こいつがロバート・スミスだ。

This man is ~.などと言うと「こいつが」「この男が」と言っているように聞こえる。野蛮な感じがするのでバツ。

こう言う！ This is Robert Smith.

this isだけで十分丁寧。

I'd like to introduce you to Robert Smith.

より丁寧に言いたいならこちらで。

あなたにジョンを紹介したいのですが。

✖ May I introduce John to you?

こう聞こえる あなた様にジョンを紹介してもよろしゅうございますか。

紹介する許可をもらおうとしているようで不自然。

こう言う！ I'd like to introduce you to John.

人を紹介するときには、I'd like to introduce you to ~.という言い回しをよく使う。ビジネスシーンでも問題なく使える。

153

こちらが私の上司です。

✕ This is my boss.

こう聞こえる こちら、うちの私の上司様。

ネイティブなら、本人を目の前にしてmy bossなどと言うことはない。あえてこんな言い方をすると、半分バカにしながら紹介しているような口ぶりになってしまう。

こう言う！ This is Robert Smith from work.

いちいち「上司」などとは言わずに名前を言う。

This is my supervisor, Robert Smith.

あえて言うなら、bossではなくsupervisorと言って後ろに名前を。

私どもの社長の高橋です

✕ This is our president of our company, Mr. Takahashi.

こう聞こえる わが社の、私たちのほうの社長、高橋です。

our president of our companyなどと言うと、「私たちのほうの社長」のニュアンスに。つまり、少なくとも2人以上の社長がその会社にはいることになってしまい、相手は混乱してしまう。

こう言う！ This is our president, Hiroshi Takahashi.

シンプルにこれでOK。of our companyなどと言う必要なし。

初対面のあいさつ

彼は新入社員です。

❌ He's a freshman.

こう聞こえる 彼は1年生です。

学校じゃないんだから。freshmanは「新入生」の意。

こう言う！ He's new here.

こう伝えれば、その人が新人だということがわかる。とてもネイティブっぽい言い回し。

He's a new employee.

employeeは「社員」の意。

同じ会社で働いている友達です。

❌ He is my co-worker.

こう聞こえる 同じ会社の人です。

これでは、He is my co-worker, but he's not my friend.（彼は同じ会社で働いているけど、友達じゃない）と言っているようなもの。よそよそしい感じがするのでバツ。

こう言う！ This is my friend from work.

友達なら、こう伝えるのがごく自然。

初対面のあいさつ

パソコン業界で働いています。

✖ I work in the PC-related industry.

こう聞こえる パソコン業界ではなく、パソコンと関係のある業界で働いています。

日本語では「IT関連」「金融関係」などというあいまいな伝え方をするが、それをそのまま訳して〜relatedなどとしてしまわないように。これだと、ただ関係があるだけになってしまい、意味が違ってくる。

こう言おう! I work in the PC industry.

ずばりPC industryでOK。ちなみに、「IT関連」はIT industry、「金融関係」はfinancial industry。

お名刺を頂戴できますか。

✖ Can I have your business card?

こう聞こえる 名刺ちょうだい。

コンパなどで知り合った人に向かって言うなら問題ないが、ビジネスで使うにはそぐわない。

こう言おう! Could I ask for a business card?

Could I ask for〜?（〜をいただけますか）という言い回しを覚えておこう。ビジネスで大活躍の言い回し。

ABCラジオで働いています。

✖ I'm working for ABC Radio.

こう聞こえる 今のところはABCラジオで働いています。

現在進行形で言うと、一時的にそうしているかのような口ぶりに。

こう言う! I work for ABC Radio.

シンプルにこれでOK。

お噂はかねがね伺っております。

✖ I heard about you.

こう聞こえる あなたはひどい人だと聞いています。

I heard about you.は、常にネガティブな意味合いで使うひと言で、「ひどいことしたんだってね」「悪い噂を聞いてるよ」といったニュアンス。いきなりこう言われたら、相手はギョッとしてしまう。

こう言う! I've heard all about you.

all about youとすれば、一転してポジティブなひと言に。「お噂はかねがね」を英語にするならこれ。

I've heard so much about you.

こちらも同意表現。

初対面のあいさつ

英語は苦手でして。

✘ My English isn't any good.

こう聞こえる　私の英語はどうにもならないほどひどい。

~isn't any good.と言うと、「~はよいところがまったくない」「ひどすぎてどうにもならない」という意味になる。

こう言う！　My English isn't very good.

anyではなくveryを使う。こう伝えれば、とても自然な英語になる。

英語の聴き取りは苦手でして。

✘ My English hearing is not very good.

こう聞こえる　英語の聴力がよくない。

hearingなどと言ってしまうと、「聴力」の問題を言っているように聞こえてしまう。たとえば、耳鼻科で行う「聴力検査」はhearing testと言う。

こう言う！　I have difficulty understanding spoken English.

I have difficulty ~ing.（~するのが苦手だ）という言い回しを使えば正しく伝わる。

初対面のあいさつ

10名の男性と、7名の女性従業員がいます。

✗ We have 10 male and 7 female employees.

こう聞こえる 仕事をする男性10人と、お茶汲みの女性が7人います。

このような男女を分けた言い方は、男女差別と受け取られかねないので、できるだけ避けるようにしたい。

こう言う! We have 17 employees.

「17名の社員がいます」。男女を分けずに伝える。これぞネイティブ流の言い回し。

中国に支社があります。

✗ We have company in China.

こう聞こえる 中国に客がいます。

ありがちな間違い。have companyと言った場合には、companyは「来客、訪問者」の意に。したがって、これでは「中国に客がいる」という意味不明なひと言になってしまう。

こう言う! We have a company in China.

aがあるのとないのとでは大違い。「会社がある」と言いたいときには、aを付けてhave a companyとする。

初対面のあいさつ

5年前に入社しました。

✘ I entered the company five years ago.

こう聞こえる 5年前に会社のビルに入りました。

「(会社に)入る」と言うときにはenterはあまり使わないので間違えないように。これでは「その会社(のビル)に入った」という物理的な話をしているように聞こえる可能性あり。

こう言う! I joined the company five years ago.

「参加する」「加わる」という意味でよく使われるjoinという単語を使ってjoin the companyとする。この伝え方がもっとも一般的。

I started working here five years ago.

「5年前にこの会社で働き始めました」が直訳。こう伝えるのも手。

ニューヨークに来て2年経ちます。

✘ I live in New York for two years.

こう聞こえる ニューヨークで2年間暮らす習慣があります。

I live in~.と単純な現在形にしてしまうと、習慣を語っているような口ぶりになってしまい不自然。

こう言う! I've lived in New York for two years.

今も暮らしているのだから、現在完了形でhave livedとする。

飛行機は大変だったでしょう。

✗ I'm afraid you had a rough flight.

こう聞こえる 残念ながら、あなたはひどいフライトを経験しました。

I'm afraidの使いどきが間違っている。

こう言う! It must have been a rough flight.

It must have been〜.は、「きっと〜だったのでしょうね」と相手を気づかうときによく使う言い回しです。It must have been a long day for you.（大変な一日だったのでしょうね）。

（面接で）
仕事の経験を教えてください。

✗ Please tell me about your experiences.

こう聞こえる これまでに経験したおもしろい話はありますか。

experiencesと複数形にしてしまうと、「これまでに体験した面白い話」のニュアンスに聞こえてしまう。相手は何を話したらいいのか困ってしまう。

こう言う! Please tell me about your experience.

experienceと単数にする。これで普通に「（仕事の）経験を教えてください」の意に。

電話（かけるとき）

番号を間違えました。失礼しました。

✘ Wrong number. Sorry.

こう聞こえる 間違えちゃった。ごめん、ごめん。

これではちっとも反省しているように聞こえない。100％自分に非があるのだから、もっと丁寧に心をこめて謝罪しよう。

こう言う！ I'm sorry. I've reached the wrong number. I apologize for disturbing you.

これくらい心を込めた言い方がベター。I've reached the wrong number.は「違う番号に掛けてしまいました」という意味で、このようなときによく使う言い回し。

I'm very sorry. I've dialed the wrong number. Please excuse the call.

Please excuse the call.は「失礼いたしました」のニュアンス。

伝言をお願いできますか。

✘ Please give him a message.

こう聞こえる 伝えておくように。

これではお願いではなく、命令になってしまう。

162

こう言う! Could you possibly give him a message?

Could you possibly~?（～していただくことはできますでしょうか）

Maybe you could give him a message.

Maybe you could~.は「～していただけるとありがたいです」のニュアンス。覚えておいて損なし。

折り返しご連絡いただきたいと伝えてもらえますでしょうか。

✗ I want you to tell him to call me back.

こう聞こえる 折り返し連絡しろって伝えておいて。

I want you to や tell him to～には、上の立場で命令を下すニュアンスが含まれる。普段の会話で使ったり、部下や同僚に対して使うならこれでもいいのだが、お客さまに対して使うと失礼に。

こう言う! Could you ask him to call me back?

tellをaskにして、ask him to～とするだけで一転してビジネス向けの言い方に。

I'd like to ask you to have him call me back.

I'd like to ask you to～.は「～をお願いできますか」という意味の言い回しなので、覚えておくと便利。

電話（かけるとき）

すみません、電話が遠いのですが。

✖ I'm sorry, I can't hear.

こう聞こえる　私は耳が不自由なのです。

これでは、「私は耳が聞こえない」の意味になってしまう。I can't hear you.なら「聞こえないのですが」という意味になる。

こう言う！　I'm sorry, I didn't catch that.

このcatchは「聞こえる」「聞き取る」という意味で使われている。ネイティブがよく使う言い回しなので覚えておこう。

Could you say that one more time for me?

このように丁寧に頼む言い方も覚えよう。

何時にお戻りですか。

✖ What time will he come back?

こう聞こえる　いったい何時に戻ってくるのよ?!

これでは「いったい何時に戻るのよ?!」と問い詰めているような口ぶりになってしまう。

こう言う！　What time is he expected back?

帰社予定時刻を尋ねるときには、expectという単語を使うと自然な言い回しになる。

ピーター・ジョーンズさんをお願いします。

✕ Can I speak to Peter Jones?

こう聞こえる 私の名前は言えないが、ピーター・ジョーンズさんを出してください。

まずは自分から名乗るのが万国共通の常識。名乗れない理由でもあるのか?

こう言う! Hello, this is John Smith from IBM. May I speak to Peter Jones in Marketing, please?

「IBMのジョン・スミスですが、営業部のピーター・ジョーンズさんをお願いします」。May I~, please?は、普段の会話では丁寧すぎて不自然に聞こえることが多いが、ビジネスシーンでは定番表現として定着しているのでOK。

電話番号を教えてください。

✕ Can you teach me your phone number?

こう聞こえる 電話番号を私に伝授する力がありますか。

Can you~?という言い回しだと、お願いするというよりも、「~する能力はあるか」と尋ねるニュアンスになってしまう。また、teachは「指導する、伝授する」のほうの「教える」。I guess~(え、まあ……)などと困った顔をされそう。

こう言う! Could you tell me your phone number?

この場合、tellを使うとぴったりくる。

どちらさまですか。

✗ Who's speaking?

こう聞こえる あんただれ？

普段のやりとりであればさほど問題ないが、ビジネスの場で使うにはそぐわない。

こう言う！ May I ask who's calling, please?

大切なお客さまかもしれないのだから、これくらい丁寧な言い方をしたいところ。

And you're・・・?

「ええと、そちらさまは……」

田中におつなぎします。

✗ I'll connect to Mr. Tanaka.

こう聞こえる 私が田中さんとつながります。

お前がつながってどうする？

こう言う！ I'll connect you to Mr. Tanaka.

I'll connect you to～．という言い回しを使うのがごく自然。

(電話に出て)
はい、私が伊藤ですが。

✗ I'm Ito.

あたしが伊藤よ。

「だから何さ？」とでも言いたげな口ぶり。なんだか反抗的に聞こえて不自然。

Speaking.

「はい、私ですが」。シンプルにこれでOK。

This is him／her.

This is he／she.

こちらもよく使う。どちらでもOK。

電話（かかってきたとき）

田中はただいま席をはずしております。

✖ Tanaka is away from his desk right now.

こう聞こえる 田中の野郎は席にいないよ。

英語の場合、名字を呼び捨てにするとこんな感じの悪い言い方に。

こう言う！ Mr. Tanaka is away from his desk right now.

日本語では、上司や同僚など同じ会社の人について話すときには名前を呼び捨てにするが、英語ではMr.やMs.をつけるのが普通。

He's away from his desk right now.

こちらでもOK。

彼は外出しています。

✖ He's not here.

こう聞こえる 彼はもうここにはいないよ。

「ここにはいないよ」というニュアンス。これでは、会社を辞めたか、転勤したかと思われてしまう。

こう言う！ I'm sorry. He's out of the office now.

「外出している」と言うならout of the officeという表現がぴったりくる。I'm sorry.と添えればさらに◎。

少々お待ちください。

✘ Wait a minute.

こう聞こえる 待っててね。

「ちょっと待って」「待っててね」といったニュアンス。お客さま相手に馴れ馴れしいにもほどがある。

こう言う！ Hold on, please.

よく使うのがこの言い回し。Just a moment, please.と言ってもOK。

折り返し電話させましょうか。

✘ Should I make him call you later?

こう聞こえる どんなに嫌がっても、折り返し電話させたほうがいいですか？

このmakeは「無理やりさせる」のニュアンス。

こう言う！ Should I have him call you later?

makeではなくhaveを使えば余計な含みはなくなる。このhaveは「〜をさせる」という意味。Should I have him call you back?と言っても同じ。

Would you like him to call you back?

Would you like〜?を使ってこう言うこともできる。こちらも丁寧でおすすめ。

ご伝言はおありですか。

✗ Do you want to leave a message?

こう聞こえる 伝言を残したいの？

ビジネスシーンでは、Do you want to〜?というストレートすぎる言い回しはそぐわない。

こう言う! Would you like to leave a message?

Would you like to〜?という言い回しを使う。

よろしければご伝言を承りますが。

✗ I can take a message, if you want.

こう聞こえる そうしたければ伝言を聞くけど。

友達同士ならまだしも、ビジネスシーンでは完全にバツ。

こう言う! I can take a message, if you'd like.

この場合は、〜, if you'd like.という言い回しがベスト。「よろしければ〜」というニュアンスで、ビジネスシーンで使うにはぴったり。

（退出した者にかかってきて）
彼はもう失礼させていただきましたが。

✘ He went home already.

こう聞こえる　もう帰っちゃったよ。まだ早いのにね。

「まだこんな時間なのに」「まだ早いのに」という含みがあるように聞こえる。

こう言う！ I'm afraid he's left for the day. Would you like to leave a message?

ネイティブはleave for the day（今日はもう帰宅する）という言い回しをよく使う。伝言があるかどうかも聞いてあげればさらに◎。

山田は今手が離せません

✘ Yamada is busy right now.

こう聞こえる　山田のやつは今忙しいんだよ。

日本では同じ会社の人をお客さんの前では名字を呼び捨てにするが、英語の場合も同じだと思ったら大間違い。その人を侮辱しているように聞こえてしまう。

こう言う！ Mr. Yamada is busy right now.

同じ会社の人でもMr.をつけてOK。

Hiroshi is busy right now.

場合によってはファーストネームで。

アポイント

来週お会いしたいのですが。

✘ I'd like to see you next week.

こう聞こえる 来週、会いに来い！

ネイティブの耳には、I'd like to see you in my office next week.（来週私のオフィスに来るように）を短く言っているように聞こえる。まるで呼び出しを受けているみたい。

こう言う！ I'd like to talk with you next week, if you have time.

talk with youとすれば呼び出しのようには聞こえない。さらに後ろにif you have time（もし、お時間があれば）を付ければ完璧。

企画の件で、近いうちにお会いしたいのですが。

✘ I'd like to have a meeting about the project in the early days.

こう聞こえる 大昔に打合せをしたいです。

in the early daysは「初めの間は」という意味の言い回し。これでは意味がまったく違ってきてしまう。

こう言う！ I'd like to have a meeting about the project as soon as possible.

この場合はas soon as possibleを使えば言いたいことが正しく伝わる。

ご都合つけていただけますでしょうか。

✖ Could you make your schedule?

こう聞こえる お願いすれば、自分の手帳を手作りできる？

make your scheduleなどと言っても「都合をつける」という意味にはならないので注意。伝わらないどころか、「手帳を手作りする」というトンチンカンな意味にとられる恐れあり。

こう言う！ Will that fit into your schedule?

fit intoは「折り合う」という意味。この言い回しを使うと「都合がつく」というニュアンスがばっちり出せる。

今日はお時間おありですか。

✖ Do you have time today?

こう聞こえる 今日、時間ある？

軽すぎ。友達ならまだしも、上司やお客さんに向かって使う言葉使いではない。

こう言う！ Do you happen to have some time today?

happen toを付けて、Do you happen to have〜?とすると「もしかして〜なんてあったりしませんか」という、とても控えめで、相手の都合を優先した尋ね方になる。Do you have time for a short meeting today?という言い方も好印象。

何時だとご都合がよろしいですか。

✘ What time are you convenient?

こう聞こえる 何時何分ならいいの?!

What time?は、正確な時刻を尋ねるときに使う言い回し。都合を聞くときには使わない。本来はWhat time does the train leave?（電車は何時発ですか）などと使う。

こう言う！ When would be convenient for you?

都合を尋ねるときにネイティブがよく使う表現がこれ。

ご足労いただけますでしょうか。

✘ Can you come to my office?

こう聞こえる こっちに来れる？

お願いしているというよりは、可能かどうかをストレートに尋ねている感じ。そもそもお客さまに向かってCan you～?などとは言わない。

こう言う！ Do you think you could come to my office?

相手の都合を優先に考えている感じがして◎。

Could I ask you to come to my office?

Could I ask you to〜?は「〜してもらうようにお願いできますか」という意味。

If it's not too much trouble, could you come to my office?

「ご面倒でなければ、弊社まで来ていただけますでしょうか」

金曜日だと都合がいいです。

✕ I want to meet you on Friday.

こう聞こえる 金曜日じゃないとヤダ！

これでは「金曜日に来い」「金曜日じゃないとだめ」といった、身勝手で自分本位なひと言に。ビジネスの世界では失礼にあたる。相手が同僚や部下なら問題ないだろう。

こう言う！ Friday would be best for me.

はっきり希望を述べるなら、この言い方で。

Do you think you might have time on Friday?

「金曜日にお時間ありますでしょうか」。とても腰の低い感じがして◎。

アポイント

明日でしたら空いていますが。

✕ I have free time tomorrow.

こう聞こえる 明日なら、空いている時間がたくさんあったり少しあったりします。

曖昧すぎる。これでは空いている時間がたくさんあるのか、少ししかないのか判断できない。

こう言う！ I'm free tomorrow.

こう伝えれば、明日1日空いていることがわかる。

急用が入ったので、予定を変更していただけませんか。

✕ I've scheduled an emergency. Could you change the schedule?

こう聞こえる 急用を予定しています。予定を変更していただけませんか。

scheduleという単語の使い方に注意。動詞には確かに「〜を予定に入れる」という意味があるが、「急用」は予定に入れるものではないので、おかしなニュアンスに。

こう言う！ An emergency came up. Could you change the schedule?

An emergency came up.はネイティブがよく使う決まり文句なので、このまま覚えよう。「急用が入りました」の意。

スミスさんはいらっしゃいますか。

✖ Is Mr. Smith here?

こう聞こえる スミスさんいない？

友達に向かって話しているかのような口ぶり。ビジネスシーンでは、こんな馴れ馴れしい話し方は避けるべき。

こう言う！ I'm here to see Mr. Smith.

「スミスさんにお会いするために来ました」が直訳。取引先を訪ねるときによく使う言い回し。

高橋さんと約束しているのですが。

✖ I have a promise with Mr. Takahashi.

こう聞こえる 高橋さんとは例の約束をしているの。

なにやら秘密めいた感じがして怪しい。promiseは「誓い」のニュアンス。

こう言う！ I have an appointment with Mr. Takahashi.

promiseではなくappointmentを使う。どちらにも「約束」という意味があるが、使いどきはまったく別なので注意。

すぐに伺います。

✗ I'll go just now.

こう聞こえる 今だけなら行くよ。

just nowと言っても「すぐに」という意味にはならない。justは意外と勘違いした使われ方をすることが多いので注意。これでは「今だけ」「今しがた」といった意味になってしまう。

こう言う! I'll leave right away.

直訳すれば「すぐに出ます」、転じて「すぐに行きます」「すぐに伺います」のニュアンスに。

3時にそちらに到着します。

✗ I'll go there at three.

こう聞こえる 3時に出発します。

go thereという言い回しだと、その時間に出発すると言っているのか、それともその時間に到着するのかが相手にはわからない。

こう言う! I'll be there at three.
I'll get there at three.

どちらも「3時にそちらに到着します」という意味で同じニュアンス。

遅れてしまって申し訳ありません。

✘ We will apologize for the delay.

こう聞こえる 遅れたことについては、そのうちに謝るよ。

willが問題。これでは、We will apologize for the delay SOMEDAY. と言っているのと同じこと。

こう言う! I'd like to apologize for the delay.

I'd like to apologize for~.（~について謝罪いたします）という言い回しを使う。ビジネスシーンで使うのに適した言い方。

（手土産を渡して）
つまらないものですが。

✘ Here's a worthless gift.

こう聞こえる ろくでもない土産をどうぞ。

なんでも英語に直訳してしまうのは非常にキケン。worthless giftなどと言うと「ろくでもない土産」「くだらない贈り物」という意味になってしまう。Well then, I don't want it.（そんなものいらないわよ！）と突っ返される恐れ大。

こう言う! Here's a little gift for you.

little giftとすれば、「ちょっとした土産」というニュアンスが出せる。日本語の「つまらないものですが」を英語にするならこれ。

どうぞおかまいなく。

✕ Don't take care of me.

こう聞こえる 病人扱いしないで！

take care of〜（人）という言い回しは、病気などで他人の助けが必要な場合に使うのが普通。「介助する」「面倒をみる」というニュアンス。例えば、I have to take care of my sick mother.（病気の母の面倒をみなければならないの）という感じ。

こう言う！ Don't worry about me.

こう答えるのがごく自然。またDon't let me bother you.なら「お気遣いなさらずに」のニュアンス。

（遠回しに断わるとき）
考えてみます。

✕ I'll think about it.

こう聞こえる わかりました、前向きに検討しましょう！

こう言ってしまうと、断わるどころか前向きに検討することになってしまう。これではOKと言っているのと同じこと。

こう言う！ I'm afraid I'll have to say no.

こう伝えれば、申し訳なさそうに断わりを入れる感じになる。

時間ができ次第、この契約書をお送りします。

✗ I'll send this contract to you if I have time.

こう聞こえる 気が向いたら契約書を送ってやるよ。

if I have timeという言い方からは、まったく前向きなニュアンスが伝わってこない。これでは「気が向いたらする」と言われているのと同じこと。

こう言う! I'll send this contract to you when I have time.

when I have timeとすれば、「時間があるときに」と普通に伝える言い回しになる。

工場を売却するため、上司と中国に行きます。

✗ I'm going to China to sell our factory along with my boss.

こう聞こえる 中国で工場と一緒に上司も売り飛ばす!

along with~は「~に加えて」の意。これでは上司も中国に売り飛ばすことになってしまう。

こう言う! I'm going to China along with my boss to sell our factory.

go to~（場所）along with~（人）to~（~するために~と一緒に~へ行く）が正しい語順。

相手先を訪問

では、そろそろ。

✕ I have to leave.

こう聞こえる もうここにはいたくないよ。

「早くここを去りたい」といったニュアンス。

こう言う! I'm afraid I have to be going.

I have to be going.で「もう行かなければ」といった意味に。また、I'm afraidを文頭につけると、残念そうな感じが出せる。

お時間をありがとうございました。

✕ Thanks to seeing me.

こう聞こえる 私に会ったお陰よ。

thanks to~は「~のお陰」という意味。例えば、Thanks to you, I was able to graduate.（お陰さまで卒業できました）などと使う。したがって、これでは「私に会えたお陰ですよ」という意味に。

こう言う! I appreciate your time.

こう言えば、感謝の気持ちがしっかり伝わる。

Thank you for taking the time to meet with me.

「お時間を割いていただきありがとうございました」。丁寧で◎。

（受付で）
お約束ですか。

✕ Do you have an appointment?

こう聞こえる 約束は本当にしてあるの？ ないでしょう。

こうストレートに尋ねてしまうと、「約束していないでしょ」というネガティブな含みがあるように聞こえてしまうことがあるので注意。

こう言う！ What time is your appointment?

「お約束の時間は？」が直訳。受付で、客人の約束の有無を尋ねるときには、こう言うのがごく自然。

ABC社の方ですか。

✕ Are you a staff at ABC?

こう聞こえる あなたはABC社のこん棒ですか。

staffは可算名詞（つえ、こん棒）と不可算名詞（スタッフ）がある。aがつくのは可算名詞なので、これだと「ABC社のこん棒」の意になってしまう。ちなみに、Are you the staff at ABC?だと「あなたはABC社の唯一の社員ですか」になるのでこちらもバツ。

こう言う！ Do you work for ABC?

こう尋ねるのがもっとも自然。

お待ちしておりました。

✗ We were waiting for you.

こう聞こえる ちょっと前までは待ってたんだけどなあ。

過去進行形で話すと、終わったことについて話しているように聞こえてしまう。つまり、待っていたけど、そのときにはもう待っていなかったということ。

こう言う！ We've been waiting for you.

現在完了進行形で伝えれば、「(今まで) お待ちしてました」と感じよく伝える言い方になる。「よくいらっしゃいました」なら、Thank you for coming.

ようこそおいでくださいました。

✗ I'm glad that you came today.

こう聞こえる 来てくれてほっとしたよ。

I'm glad that～.は、「～でほっとしている」というニュアンスで使うのが普通。客人を迎え入れるときの言葉としてそぐわない。

こう言う！ It's good to see you.

もっともよく使うのがこの表現。

(お客さんを案内して)
どうぞこちらへ。

✘ Follow me.

こう聞こえる ついてきなさい。
なんだか教師が生徒に向かって指示しているみたい。Come this way.も同じニュアンスで偉そう。

こう言う！ Let me show you to the meeting room.
お客さま相手なら、Let me show you to〜.（〜までご案内しましょう）という言い回しがベスト。

お楽にしてください。

✘ Please relax.

こう聞こえる 落ち着いて！
このフレーズは使いどきが別。緊張したり、興奮している人を落ち着かせたいときに使うのが普通。

こう言う！ Please make yourself comfortable.
make oneself comfortableで「楽にする」「くつろぐ」といった意味の言い回しに。ネイティブがよく使う。

弊社の場所は覚えておられますか。

✗ Do you remember my office?

こう聞こえる 私の会社が懐かしいでしょう。

現在形でDo you remember〜?と言うと、「〜を覚えていますか。懐かしいねぇ」と懐かしそうに言うひと言になる。ちなみに、過去形でDid you remember〜?とすると「〜を持ってきましたか」の意に。

こう言う！ Do you remember how to get to my office?

「場所を覚えているか」と聞きたいなら、Do you remember how to get to〜?とする。

弊社はすぐに見つかりましたか。

✗ Did you have difficulties finding my office?

こう聞こえる 私のオフィスを見つけるのに辛いことがありましたか。

difficultiesと複数形にしてしまうとこんなおかしなニュアンスに。

こう言う！ Did you have trouble finding my office?

troubleを使ってシンプルに尋ねる。Did you have trouble〜(ing)?で「〜は大変でしたか」の意。

Did you have difficulty getting here?

difficultyと単数形ならば問題なし。

彼がオフィスにいるか確認してみます。

✘ I'll make sure he is in his office.

こう聞こえる 彼が必ずオフィスにいるようにします。

I'll make sureという言い回しは使いどきがまったく別。例えば、I'll make sure the job is done by Friday.（必ず金曜日までにその仕事が終わるようにします）などと使う。

こう言う！ I'll see if he's in his office.

seeには「確認する」という意味がある。これを使えば、とても自然な言い回しになる。Let me see if he's here.もネイティブがよく使う言い回し。

（「～さんによろしくお伝えください」と言われて）
わかりました。

✘ I will.

こう聞こえる はいはい。

これだけでは不十分。言い方によっては、かなりぶっきらぼうに聞こえてしまう恐れがあるので注意して。

こう言う！ I certainly will.

certainlyを加える。この一語で大違い。「かしこまりました。必ず伝えます」のニュアンス。Certainly.と言うだけでもOK。

それはお引き受けできかねます。

✗ It's difficult.

🔊こう聞こえる 難しいですがやってみます。

difficultという単語しか思いつかないようだとちょっとまずい。これをそのままIt's difficult.と言ってしまうと、「難しいけどやってみる」というニュアンスになってしまい、断わることにはならない。

🔊こう言う! I'll have to say no.

ビジネスの場で断りを入れるときによく使うのがこの言い回し。have toを使っているので、「そうせざるをえない」というニュアンスが出せる。

前向きに検討します。

✗ I'll consider it positively.

🔊こう聞こえる 絶対に検討する！

positivelyは「絶対に」「間違いなく」の意。例えば、I'm positively sure.（絶対に確かだよ）、I'm going to quit. Positively!（もう辞めてやる。絶対だ）などと使う。「積極的に」という意味はない。

🔊こう言う! I'll have a good look at it.

日本語の「前向きに検討します」にもっとも近いニュアンスの表現がこれ。どちらかというとポジティブな時に使う。

今日は予定があります。

✘ I have a schedule today.

こう聞こえる 今日は予定表を持ってきています。

「予定」と聞いてscheduleという単語しか浮かばないようだと、こんな失敗をしかねない。この場合「予定表」という意味に聞こえる。

こう言う！ I'm afraid my schedule is full today.

この場合、full（いっぱいの）という語を使うと「スケジュールがいっぱい」というニュアンスがばっちり出せる。I'm afraidを文頭につけると、申し訳なさそうに話す感じも出せる。

（上司に飲みに行こうと誘われて）
飲めないんです。

✘ I don't drink.

こう聞こえる 私は酒なんか飲まないのよ。

言い方にもよるが酒飲みをけなしているかのような口ぶり。

こう言う！ I'm not much of a drinker.

「いやあ、あまり飲めないもので」とサラッとかわす感じ。

I can't handle alcohol.

体質的にアルコールがダメな場合はこう言う。また、「ソフトドリンクをいただきます」と言うなら、I'll just have a soft drink.

本日のプレゼンテーションを務めさせていただきます。

✖ I'll make a presentation today.

こう聞こえる 本日は私がプレゼンテーションをしますから。

お客さまに対して使うには、少々主張が強すぎ。日本語でも、お客さまに向かって「私がプレゼンをします」とは言わないはず。

こう言う! I'd like to give you a presentation today.

このような状況では、I'd like to~.という言い回しが腰の低い感じでベスト。「~をさせていただきます」というニュアンス。

みなさんのテーブルに資料をお配りしました。

✖ I handed the documents out on the table.

こう聞こえる テーブルの上に立って資料を配りました。

hand~outは「手渡しする」という意味。これでは「テーブルの上に立って、資料を一人ひとり手渡しした」というニュアンスに。

こう言う! I put some documents on the table.

put ~on the tableという言い回しを使えば問題解決。

弊社のパンフレットをお配りします。

✖ I'll hand over our pamphlet.

こう聞こえる パンフレットを引き渡します。

hand overは「引き渡す」という意味で、普段のビジネス会話では使わない言葉。例えば、強盗がHand over your money!(金をよこせ!)など。

こう言う! I'll hand out our pamphlet.

「配る」ならhand out。

資料をご覧ください。

✖ Please see the material.

こう聞こえる マテリアルさんに会いに行ってください。

動詞をseeにしてしまうと、materialが人か何かのように聞こえてしまう。Please see the accountant.(会計士に会いに行ってください)などと使うのが普通。

こう言う! Please look at the material.

この場合、動詞はlook atを使う。

Please have a look at the handouts.

have a lookを使えば、「さっと見てください」のニュアンスに。

まずはビデオをご覧ください。

✘ At first let's watch the video.

こう聞こえる はじめのうちはビデオをご覧ください。

at firstは「初めのうちは」「当初は」といった意味で、使いどきが別。例えば、At first I thought he was lying.（初めのうちは、彼がウソついているのかと思ったわ）などと使う。

こう言う！ First, let's watch the video.

「まずは〜してください」と伝えるなら、atは不要。First,〜という言い回しが正解。

次のコメントを参考にしてください。

✘ Please refer the following comment.

こう聞こえる 次の発言を紹介してください。

refer someone to someoneで「〜（人）を〜（人）に紹介してください」という意味の言い回しになる。例えば、Please refer Mr. Jones to your client.（ジョーンズさんをあなたのクライアントに紹介してください）などと使うのが普通。

こう言う！ Please refer to the following comment.

「〜を参考にしてください」と言うなら、toをつけてrefer to〜とする。

この件について話し合いましょう。

✗ Let's talk about this problem.

こう聞こえる この欠陥について話しましょう。

「この件について」と言いたいときにはproblemという語は使わない。problemは明らかな問題、欠陥などを指して使うのが普通。例えば機械の故障など。

こう言う！ Let's talk about this issue.

話し合いを必要とするような「問題」はissueを使うとぴったり。

2つの問題点について話しましょう。

✗ We have two troubles to discuss.

こう聞こえる 2つの悩み事について話しましょう。

troublesは「問題点」というよりも「悩み事」のニュアンス。悩み事相談室じゃないのだから……。

こう言う！ We have two problems to discuss.

この場合はtroublesではなくproblemsを使うべき。似たような意味の単語でも使いどきはかなり異なるので注意しよう。

この件について説明してください。

✘ Please explain about this incident.

こう聞こえる この件についてではなく、この件についてのことを説明してください。

Please explain〜.だけでも「〜について説明してください」という意味になる。あえて不要なaboutをつけるとネイティブの耳にはとても不自然に響く。

こう言う！ Please explain this incident.

aboutは不要。シンプルイズベスト。

Please tell us about this.

aboutを使うならこう言う。

のちほどご説明いたします。

✘ I'll explain you later.

こう聞こえる のちほどあなたのことを分析して聞かせます。

これではまるっきり意味が違ってくる。ちなみに、I can't explain you.で、「あなたは理解できない人だ」の意。

こう言う！ I'll explain this to you later.

「これについてあなたに説明する」なら、explain this to youとする。

少しお聞きしたいのですが。

✘ I have just one question for you.

こう聞こえる きちんと答えてほしい質問があるの。

いきなりこう言われたら、相手は何事かと思って、ビビってしまうかも。

こう言う！ Just a quick question.

簡単な質問なら、こう尋ねるのが自然。Just one question.でOK。

質問がなければ、次に移ります。

✘ If anyone has no question, we'll move on.

こう聞こえる 1人でも理解できたようなら、次に移りましょう。

anyoneは「1人」。つまり、これではすべてを理解できた人が1人でもいれば、もう質問は受け付けない、ということになってしまう。では、質問がある人はどうなる？

こう言う！ If there are no questions, we'll move on.

このような場合は、there areを使うと自然な言い回しになるので覚えておこう。

If none has a question, we'll move on.

このように言ってもOK。

ジョージさんはどう思いますか。

✘ How do you feel, George?

こう聞こえる ジョージさん、具合はどうですか。

使いどころが違う。これは体調や具合を尋ねるときの言い方。

こう言う！ What do you think, George?

howではなくwhatで尋ねる。

How do you feel about this, George?

How do you feelを使うなら、後ろにabout thisをつければ、意見を求める言い方になる。

この企画をどう思いますか。

✘ Do you think this is a good proposal?

こう聞こえる この企画、あまり良くないね。

この表現からは、明らかにこの企画に不満を持っている気持ちがうかがえる。「この企画、どうかなぁ？ あまりよくないよね」という否定的なニュアンス。

こう言う！ What do you think of this proposal?

こうすれば、より中立な立場で尋ねている感じが出せる。

値下げが必要になりますね。

✘ You must lower the price!

こう聞こえる 値段をぜひとも低くしてみてよ！ 楽しいよ！

You must~などと言うと、楽しみごとをすすめているような口ぶりになる。たとえば、You must try the *sushi*!（お寿司を食べてみて、おいしいから！）といった具合。

こう言う！ You need to lower the price.

need toを使えば、普通に提案するひと言に。

弊社の年次報告書をご覧になりますか。

✘ Would you like to watch our annual report?

こう聞こえる 弊社の報告書を鑑賞なさいますか。

lookとwatchを混同して使ってしまっている人が意外と多いので注意。同じ「見る」でも、watchは動きのあるもの（例えば、映画や試合）について使うのがふつう。逆にlookは動きのない静止したもの（例えば、写真など）について使うことが多い。

こう言う！ Would you like to look at our annual report?

報告書は動きのない静止したものなので、lookを使うとぴったり。

賛成ですか。

✖ Do you agree to my opinion?

こう聞こえる 私の意見に従って行動することに同意しますか。

ネイティブの耳には、Do you agree to act according to my opinion? と言っているように聞こえる。Do you agree to~?は、Do you agree to (do something)? (~してもらうということでいいですか)、Do you agree to lower your price? (値段を下げるということでいいですか) といった具合に使うのが普通。

こう言う！ Do you agree with me?

この場合は、toではなくwithが正解。agree with＋~（人）で「~に同意する」

私の意見は異なります。

✖ I totally disagree.

こう聞こえる そんなの話にならないよ。

単刀直入にものを言いすぎ。率直にものを言うのはいいことなのだが、ビジネスシーン、特に上司やお客さま相手のビジネスシーンでは、もう少し言い方に気を使いたい。

こう言う！ My opinion is somewhat different.

「私はそれとはちょっと違う意見なのですが」とやんわりと異議を唱える感じ。こう伝えれば、disagreeのような否定的な言葉を使わなくても済む。

会議の前にレポートを読んでおいてもらえますか。

✗ You had better read the report before the meeting.

こう聞こえる 会議の前にレポートを読んでおかないとお仕置きよ！

You had better〜.は、脅しの言葉としてよく使われる言い回し。よく母親が子どもにこんな言い方をする。たとえば、You had better finish your homework or I won't let you play video games with your friends.（宿題を終わらせなければ、友達とTVゲームすることは許さないわよ）といった具合。

こう言う！ Please read the report before the meeting.

このように伝えれば、とても感じよくアドバイスすることができる。

It might be best if you read the report before the meeting.

It might be best if you〜.（〜しておくと有利ですよ）という言い方も。

会議の準備をしておきましょう。

✗ Let's get ready for the meeting in advance.

こう聞こえる 会議の前に、その前に準備しておきましょう。

準備は事前にするのがあたりまえ。これだと、get readyとin advanceが重複して聞こえる。

こう言う！ Let's get ready for the meeting.

get readyだけで「事前に準備する」という意味になる。

Let's prepare for the meeting.

prepareはget readyと同意の言い回し。どちらを使ってもOK。

（会議室で）
前のほうに座ってもらえますか。

✗ Please sit in front of the room.

こう聞こえる 会議室の外で座っていてください。

in front of the roomは「会議室のドアの前」の意。これだと会議室の外、ドアの前に座れ、と言っていることになる。

こう言う！ Please sit in the front of the room.

in the front of the roomで「会議室の（中の）前のほう」の意に。theが重要。

会議は2回行います。

✗ The meeting will be performed two times.

こう聞こえる 会議は2回上演します。

確かにperformには「行う」という意味があるが、「会議を行う」と言うときには使わない。「上演する」「演じる」のニュアンスが強い。

こう言う! The meeting will be held two times.

「会議を行う、開く」と言うときには、be held（heldはholdの過去形）という言い回しを使うとぴったりくる。

There will be two meetings.

「会議は2回あります」。こう伝えるのも手。

スミスさんとあと2人の人と会議をします。

✗ I have a meeting with Mr. Smith and two people.

こう聞こえる スミス氏という生物とあと2人の人間と一緒に会議をします。

この言い方だと、Mr. Smithが人間ではないことになってしまう。人でないなら、いったい何なのか？

こう言う! I have a meeting with Mr. Smith and two other people.

twoとpeopleの間にotherを入れる。これで「スミスさんとあと2人」の意に。

会議には行けないのです。

✖ I will not go to the meeting.

こう聞こえる 会議なんて絶対ヤダ！

willは、主語がIのときには単なる未来形ではなく、強い意志や固い決意を表すときの言い回しになる。I will～. で「私は絶対に～する」のニュアンス。

こう言う！ I'm not going to go to the meeting.

be going toを使えば単純な未来形に。

会議に出席しなければならないので。

✖ I have to participate in the meeting.

こう聞こえる 会議での役目がいろいろとありますので。

会議についてparticipate in～と言った場合は、「スピーチやプレゼンなどの役割のために参加する」というニュアンスになる。ただ普通に出席するだけならこうは言わない。

こう言う！ I have to attend the meeting.

「会議に出る」と言うときには、動詞はattendを使うとぴったりくる。

会議に出てみたらどうですか。

✖ I suggest that you come to the meeting.

こう聞こえる 会議に来い。さもないと大変なことになるよ。

確かにsuggestには「～を提案する」という意味があるが、I suggest that you～と言った場合は、脅しや警告の含みがあるように聞こえてしまう。ただ提案しているようには聞こえない。

こう言う！ Why don't you come to the meeting?

Why don't you～?（～してみてはいかがですか？）という言い回しを使うとぴったりくる。I think it would be best if you came to the meeting.と言うと思いやりが感じられてさらに◎。

企画の詳細を知りたいです。

✖ I want to know the detail of the plan.

こう聞こえる 企画の詳細を1つでいいから教えて。

detailが単数形のままだと、ネイティブの耳には「詳細を1つだけ」といった具合にとても不自然に響く。

こう言う！ I want to know the details of the plan.

「詳細を教えてください」などと尋ねるときには、detailsと複数形にして言うのが普通。

なんとかしてみます。

✗ I'll manage.

こう聞こえる なんとかするよ、いやだけど。

ネガティブニュアンス。いやなことを渋々引き受けるときによく使う言い回し。

こう言う！
I'll do my best.
I'll do it.
You can count on me.

どれも「おまかせください」の意。または、Leave it to me.と言っても同じ意味に。自信がある感じがして◎。

なんとかしなければ。

✗ We have to cope with this problem.

こう聞こえる なにも出来ないから、もうガマンするしかない。

cope withを「対処する」という意味だと思っている人が意外と多い。実際には「ガマンする」というニュアンスで使われる。例えば、「うるさくて仕事にならない」と文句を言う社員に、Just cope with it.（ガマンしろ）という感じで使う。

こう言う！ We have to deal with this problem.

この場合は、deal with〜（〜に対処する、対応する）を使って言い表すとぴったりくる。

それは私が担当している仕事です。

✗ That's my business.

こう聞こえる あなたには関係ないでしょ。

That's not your business.だと「あなたには関係ない」、これをThat's not my business.とすれば「私には関係ない」と冷たく言い放つひと言に。

こう言う！ That's my project.

「仕事」はbusinessではなくprojectを使うとぴったりくる。in charge of 〜（〜を担当している）という言い方を使って、I'm in charge of that project.と言っても。

それには賛成しかねます。

✗ I disagree with you.

こう聞こえる 反対！

これではあまりにも一方的すぎる。

✓ I have to disagree.

同意できないきちんとした理由があるなら、このように言うのが普通。I'm afraid I don't agree.も相手への気づかいが感じられる言い回し。

来週の土曜日に契約をします。

✗ We will contract next Saturday.

こう聞こえる 私たちは来週の土曜日に小さくなるでしょう。

contractを「契約する」という意味の動詞として使うことはまずない。「縮小する」という意味が一般的なので、おかしな意味にとられてしまう恐れあり。

✓ We will sign a contract next Saturday.

「契約する」はsign a contract。ネイティブがよく使う言い回しなので覚えておこう。

順調にいっています。

✗ We are doing good.

こう聞こえる 世のため人のためになることをやっています。

do goodは「良いことをする」「慈善をする」という意味。いったいどんな会社なのか……。

こう言う！ We are doing well.

do wellとする。We are doing well.で、「うまくいっています」「順調です」といったニュアンス。

問題解決のためにがんばりました。

✗ We made an effort to solve the problem.

こう聞こえる 問題解決のために、ちょっとだけ努力したよ。

大変な努力を要したのならmake a big effortと言うはず。これをあえてbigを外してmake an effortと言った場合には、「ちょっとだけ努力した」と皮肉を言っているように聞こえてしまう。本来は、ネガティブなフレーズでI wish you would make an effort.（少しは努力すればいいのに）といった具合に使うのが普通。

こう言う！ We worked hard to solve the problem.

We worked hard to～.とすれば、努力を惜しまずがんばったことがしっかり伝わる。We tried hard to～.としても同ニュアンス。

いい質問ですね。

✗ Good question.

こう聞こえる さあ、わからないな。

Good question.と言っても「それはいい質問だ」という意味にはならないので注意。実はこれ、質問が難しすぎて答えられないときに使うひと言で、「わかりません」という意味。

こう言う！ That's an interesting question.

interestingは、ただ「おもしろい」だけではなく、「興味深くておもしろい」ときに使う単語。

興味はおありですか。

✗ Are you interested in that?

こう聞こえる あんなものに興味があるの?!

in thatの部分がとてもネガティブに響く。「あんなものに」という感じ。例えば、I don't want to buy that.（あんなの買いたくない）、I don't want to talk to that guy.（あんなやつと話したくない）といった具合。

こう言う！ Are you interested in this?

この場合はthatではなくthisを使う。

日本には3社の競合企業があります。

✕ We have three competitor companies in Japan.

こう聞こえる 日本で3社の競合企業を経営している。

これでは3社とも同じ経営者が経営しているように聞こえる。

こう言う！ We have three competitors in Japan.

competitorだけで「競合企業」「競争相手」の意になる。

新製品はきっとよく売れますよ。

✕ Our new product will be sold well.

こう聞こえる 新製品は巧みな売り方ができますよ。

will be sold wellという受け身の言い回しをした場合、売り方が巧み、ということになり意味が違ってくる。

こう言う！ Our new product will sell well.

「たくさん売れる」と言いたいならsell wellが正解。

I'm sure our new product will be a big seller.

be a big seller（ヒット商品になる）はネイティブがよく使う表現。もしくは、This product will do great.や、This product is going to be a success.などと言っても同じ意味。どれもよく使う。

金曜日までにはできあがります。

✕ We can make it by Friday.

こう聞こえる 金曜日までにはそちらへ行けます。

make itは to arrive there（そこへ到着する）ということ。例えば、I can't make it to the meeting.（会議には間に合いません）などと使うのが普通。

こう言う！ We can do it by Friday.

この場合はdoを使う。We can do it by ~.で「~までにできます」「~までで大丈夫です」といったニュアンスになる。

We can finish it by Friday.

もちろんお馴染みのfinishという単語を使ってもOK。

かなり時間がかかります。

✕ I need a long time to finish.

こう聞こえる 私はゆっくり仕事する主義だから、そうとう時間がかかるわ。

I needという言い方をしてしまうと、「自分にはそうとうの時間が必要」というニュアンスになってしまう。

こう言う！ It'll take me a long time to finish.

主語をitにすれば余計な含みはなくなる。

会議は終了しました。

✖ The meeting is finished.

こう聞こえる 会議はもうだめだ。

この言い方だと、ネイティブには「望みを絶たれた」「だめになった」という意味のfinished（形容詞）に聞こえてしまう。例えば、I'm finished here. I'm going to get fired.（もう一巻の終わりだ。きっとクビだろうな）などと使う。

こう言う! The meeting is over.

overを使うとぴったりくる。

The meeting has just ended.

「たった今」と伝えたいならこの言い方。

昨日、2時間ほど会議をしました。

✖ We had a two-hours meeting yesterday.

こう聞こえる 昨日、2時間の長さがある会議がありました。

名詞を名詞の前で形容詞として使うときには単数のままで使うのが普通。ここをtwo-hoursと複数にしてしまうと、不自然に聞こえる。

こう言う! We had a two-hour meeting yesterday.

hourは単数形のまま、two-hour meetingでOK。

注文をしたいのですが。

✖ I'd like to order.

こう聞こえる 料理を注文してもいいですか。

レストランで食べ物を注文するのならこれでOK。でも、製品を仕入れるときにはこの言い回しが使えないので注意。

こう言う! I'd like to place an order.

「発注する」はplace an order。

おいくつ注文されますか。

✖ How many do you want?

こう聞こえる いくつほしいわけ？

あまりにもぶっきらぼう。商売で使う言葉使いではない。

こう言う! How many would you like?

would you likeを使って丁寧に。これで完璧。

注文書を出していただけますか。

✗ Will you please hand in an order form?

こう聞こえる 注文書を(宿題のように)きちんと提出してもらえますか。

hand inは「(宿題やレポートを)提出する」といった状況でよく使う言い回し。「注文書」について使うことはない。また、Will you～? という頼み方も、「ちゃんとしてもらえますよね?」と必要以上に念を押しているようで不自然。

こう言う! Would you send me an order form?

「私に注文書を出してください」と頼むときには、send me an order form、またはprovide me with an order formを使えば、すっきりしたビジネスライクな言い方になるので覚えておこう。

見積もりを出していただけますか。

✗ Would you give me the estimate?

こう聞こえる そっちにある見積もりをこっちに渡して。

the estimateと言うと、すでにその場に見積もりが存在し、相手がそれを持っているかのような話し方になる。つまり、「その見積もりをこちらに渡してください」と言っているように聞こえる。

こう言う! Could you give me an estimate?

送ってもらうなら、sendを使うとすっきりする。

ちょうど400ドルになります。

✗ The total comes to just $400.

こう聞こえる たったの400ドルだよ。

justの使い方に注意。「ちょうど〜」と言うときに、この単語をうっかり使ってしまっている人が多いのでは？ justは「たったの〜」というニュアンスなので注意して。

こう言う！ The total comes to $400 on the dot.

on the dotはネイティブがとてもよく使う言い回しで「ぴったり」という意味。

The total comes to exactly $400.

こう伝えてもOK。

ほかに注文はございますか。

✗ Do you have any other orders?

こう聞こえる 違う注文はないの？

これでは「その注文ではだめだ、別の注文をしろ」とでも言っているように聞こえてしまって、失礼きわまりない。例えば、口紅売り場で、Do you have any other colors?と言えば、「この色は好きじゃないわ。別の色はないの」というニュアンスになる。

こう言う! Do you have another order?

any otherではなくanother、orderは単数形で。

Do you need anything else?

こちらもネイティブがとてもよく使う言い回し。

明日までの納品は無理ですか。

✖ Is it possible to deliver tomorrow?

こう聞こえる 明日赤ちゃんが生めるんですか。

後ろに目的語を置かずにdeliverとだけ言った場合、ネイティブが思い浮かべるのは「出産」。

こう言う! Would it be possible to deliver the package tomorrow?

小包で送るなら、deliver the packageとする。packageは「小包」の意。

値下げをしてくださいませんか。

✗ Please give me a discount.

こう聞こえる 1円でもいいから安くしてよ。

これだけだと「いくらでもいいから安くして」と言っているように聞こえる。つまり、1円でも1％でも値下げしてくれるなら満足ということ。そんな値下げではちっともうれしくない。

こう言う！ I need a discount of at least 20 percent.

at least 20 percent（少なくとも20％）などと、具体的に下げ幅を伝えるのがネイティブ流。

1,000ドル値引きできませんか。

✗ Could you give me a discount for $1,000?

こう聞こえる 1,000ドルあげるから割引をください。

forは「そのかわり」という意味を持つので、意味が違ってしまう。1,000ドル払ってでも手に入れたい割引っていったい……。

こう言う！ Could you give me a $1,000 discount?

a $1,000 discountとすればOK。

弊社では車の部品を輸出しています。

✘ We export automobile parts overseas.

こう聞こえる 弊社では車のパーツを外国へ輸出しています。

輸出は海外にするのがあたりまえ。あえてoverseasなどと言う必要なし。

こう言う！ We export automobile parts.

exportだけでOK。

この用紙に記入していただきます。

✘ You have to fill out this form.

こう聞こえる これを書かないとだめなの！

have toは、「イヤでもしなければならないこと」について使うのが普通。したがって、You have to～.と言うと「イヤでも～しなくちゃだめなのよ！」と嫌がる相手に言って聞かせるような言い方になってしまう。

こう言う！ You need to fill out this form.

need toを使って表現する。これで余計な含みはなくなる。

私どもの商品にはご満足いただけましたか？

✖ Are you satisfied with our products?

こう聞こえる うちの商品、なんとか使えそう？

be satisfied withは、なんとか合格点という程度の「満足」。そんなに自分の会社の製品に自信がないのか……。

こう言う！ Are you happy with our products?

この場合、be happy with〜という言い回しがベスト。こちらは「本当に満足しています」のニュアンス。

今日、出荷してほしいのですが。

✖ I'd like you to ship my order today.

こう聞こえる 今日、出荷してちょうだいね。

I'd like to と同じくI'd like you to〜を丁寧な依頼表現だと勘違いしている人が多い。I'd like you to〜はあなたにしてもらいたいというニュアンスなので、「〜してね」「〜してもらいます」という意味に。場合によっては高圧的に聞こえるのでバツ。

こう言う！ I'd like to ask you to ship my order today.

to askを加えてこう言えば、感じのよい依頼表現に。

責任者はだれですか。

✘ Who is the responsible person?

こう聞こえる 責任感があるのはどの人?

responsible personは「責任感のある人」の意。I'm pretty responsible. (私も責任感だったらありますが……) なんて答えが返ってきたりして。

こう言う! Who's in charge?

in chargeは「責任者で」「担当の」の意。これを使えば、こんなに簡単な英語で言える。英語としても自然。

Who's in charge of this project?

in charge of~は「~を担当している」という意味。便利な言い回しなので覚えよう。

クレーム

すぐに対処いたします。

❌ I'll do it as soon as possible.

こう聞こえる 今は忙しいからあとで。

as soon as possibleは「時間ができしだい」という意味。つまり、「今は忙しくてできない」ということ。

こう言う! I'll do it right now.

right nowは「今すぐ」の意。

何か手違いがあったようで。

❌ There's been a mistake.

こう聞こえる だれか間違えたんだよ。

ストレートすぎ。状況を考えると、もう少し言葉を濁した言い回しが望ましい。

こう言う! It seems there's been a mistake.

It seemsを付ける。こうすることで「～があったようで……」と当惑して話す感じが出せる。お客さまに対して詫びを入れるときには、日本語でもこんな言い方をするはず。

お客さまが苦情を言ってきています。

✗ The customer is making a claim.

こう聞こえる お客さまがなにかを主張しているぞ。

日本語の「クレーム」をそのまま英語にしてしまうと意味が違ってくるので注意。本来の英語の意味は「主張」「要求」。別の言葉で言うと、insist on somethingという感じ。

○ The customer is complaining.

complainが正解で、「文句を言う」「クレームをつける」という意味。覚えておこう。

弊社の製品に問題がありまして。

✗ Our goods have some problems.

こう聞こえる 我々の財貨に問題がありまして。

「製品」をgoodsとは言わない。経済学用語にgoods and services（財貨とサービス）というのがあるため、まるで経済学の講義でもしているみたい。

○ Our products have some problems.

「製品」はproductsが正解。

品質が悪すぎます。

✘ The quality is too bad.

こう聞こえる 品質はとっても残念です。

ここでtoo badと言うと意味が違ってきてしまうので注意。〜is too bad.は「〜はとても残念です」という意味。これでは品質の悪さを指摘していることにはならない。

こう言う! The quality isn't good enough.

直訳すると「品質は十分と言えるほど良くない」だが、実際のニュアンスは「悪すぎる」。

この新しいコピー機は高すぎます。

✘ This new photocopy machine is so expensive.

こう聞こえる 新しいコピー機は高すぎるのでムニャムニャ。

「〜すぎる」と言いたいとき、つい使いたくなってしまうのがsoという単語。でも、これを使うときには「〜すぎるので〜だ」と、後ろに続く節が来るのが普通。例えば、This photocopy machine is so expensive that we will have to pay for it in installments.（そのコピー機は高価すぎるので、分割払いにしなければなりません）

こう言う! This new photocopy machine is too expensive.

この場合はtooが適切。

あとがき

　この本を読んで、どんな感想を持ちましたか。
　これを機にますますネイティブ感覚の英語を学んでほしいものです。
　そうした人にひとつお願いしたいことがあります。
　それは、ネイティブに向かってどんどんしゃべって、ネイティブからどしどしアドバイスしてもらうことです。みなさんも外国人が一生懸命日本語をしゃべると、その熱意に応えて、その言い方はこう表現するのが正しいですよとアドバイスしてあげるでしょう。
　それと同じです。
　有名なモティベイターZig Ziglerの言葉をお贈りして、この本の締めくくりとします。

　Failure is a detour, not a dead-end street.

本書は『その英語、ネイティブにはこう聞こえます』
(2003年)と『その英語、ネイティブにはこう聞こえます④』(2005年)から抜粋して文庫化したものです。

その英語、ネイティブにはこう聞こえます
SELECT

2008年7月20日　第1刷発行　　　2008年8月10日　第2刷発行

著　者	David A. Thayne、小池信孝
発行者	神田高志
発行所	株式会社主婦の友社 〒101-8911 東京都千代田区神田駿河台2-9 電話03-5280-7537（編集） 電話03-5280-7551（販売）
印刷所	中央精版印刷株式会社

■ 乱丁本、落丁本はお取り替え致します。お買い求めの書店か、主婦の友社資材刊行課へご連絡ください（電話03-5280-7590）。
■ 内容に関する場合は、主婦の友インフォス情報社・担当・久次米まで（電話03-3294-0214）。
■ 主婦の友社発売の書籍・ムックのご注文はお近くの書店か、コールセンターまで（電話049-259-1236）。
■ 主婦の友社のホームページ（http://www.shufunotomo.co.jp）からもお申し込みいただけます。

©A to Z 2008 Printed in Japan　ISBN978-4-07-261568-3

®〈日本複写権センター委託出版物〉
本書を無断で複写複製（コピー）することは、著作権法上の例外を除き、禁じられています。本書をコピーされる場合は、事前に日本複写権センター（JRRC）の許諾を受けてください。JRRC（http://www.jrrc.or.jp eメールinfo@jrrc.or.jp 電話03-3401-2382）